シルビオ・ゲゼル派の自然的経済秩序運動史

I

一八九一―一九三二／三三年の時期

ギュンター・バルチュ著
Günter Bartsch

相田慎一訳
AIDA Shinichi

1891–1932/33

ぱる出版

装幀――――宮川亜加里

ギュンター・バルチュ著　相田愼一訳

シルビオ・ゲゼル派の自然的経済秩序運動史

第一分冊　一八九一－一九三二／三三年の時期

シルビオ・ゲゼル派の自然的経済秩序運動史　第一分冊

◇

目　次

ヴェルナー・オンケンの序文　1

第一篇　一八九一―一九三二／三三年の時期　7

1　概　念　9
2　方　法　10
3　全体的関連　11

第一章　シルビオ・ゲゼルによるNWO運動の精神的基礎づけ　13

1　「錆びていく貨幣」という根源的イデー　13
2　社会問題という火口の前で　14
3　社会的ユートピア論の拡充　17
4　自然的経済秩序―その像　21

第二章　ゲゼル派の思想学派　25

1　ゲオルク・ブリューメンタールが与えたNWO運動の礎石　26
2　パウルス・クリューフェルと世界的活動　31
3　ヴェルナー・ツィンマーマンと生活改善運動　35

目次

第三章　ＮＷＯ運動の誕生とゲゼルの立場　41

第四章　「統一フロント」と自由経済派の基本的潮流　59
——ドイツ十一月革命と人民委員ゲゼル——

1　一九二四年五月の分裂に至るまでの自由経済同盟ＦＦＦ　63
2　一九二五－三三年の期間の自由経済同盟ＦＷＢ　77
3　労働党ＰｄＡ　77
4　労働党ＰｄＡをめぐる論争　80
5　二つの党原理　81
6「自由な政府綱領」　84

第五章　フィジオクラート派の基本的潮流　89

1　フィジオクラート闘争同盟ＦＫＢ　89
2　プロレタリア・ブロックＰＢ　96
3　自由なエゴイスト派 Die Fregosten　102

第六章　ＮＷＯ運動の国民主義的－民族主義的潮流　105

1　ＮＷＯ運動内部の民族主義者たち　107
2　ＮＷＯ派の雑誌『ドイツ文化の監視人』　112

3　ドイツの恐慌なき国民経済同盟ＤＢＶ　122
4　生物学的世界像　125

第七章　ＮＷＯ運動の残された共通性　131

第八章　ＦＦＦカルテル　133
1　暗殺行為　134
2　それぞれの第一歩　136
3　帝国カルテル　140
4　何も勝ち取れずに溶解した　142

第九章　「自助イニシアチブ」と「ＦＦ実践」　149
1　労働の自助ＳｄＡと生産者運動　150
2　フィジオクラート派の自己保険　153
3　ドイツ経済共同体ＤＷＧ　154
4　フィジオクラート闘争同盟ＦＫＢのヴェーラ活動　159
5　ヴェルグルの実験（一九三二年）　163

第十章　一九一五‐三二年におけるＮＷＯ運動の国際的広がり　169
1　スイス　170

2 オーストリア　173
3 フランス　174
4 イングランド　175
5 ロシアの「地域主義 Terrismus」　175
6 ユーゴスラビア――マルクスかゲゼルか？　177
7 ルーマニア　178
8 チェコスロバキア　178
9 自由都市ダンツィヒ　179
10 アメリカ合衆国　179
11 カナダ　180

【付録】

シルビオ・ゲゼル、フィジオクラート、アナーキスト

はじめに　183
1 市場経済か資本主義か　183
2 ゲゼルの前半生　184
3 ゲゼルは「ファシスト」なのか？　188
4 フィジオクラートは「新しいアナーキスト」なのか？　191
5 ［バイエルン・レーテ共和国］大蔵人民委員　197

6　自治主義者Ａｋｒａｔ　201
7　墓場からの復活　210
訳者解説　215

以下、続刊

第二篇　一九三三－一九四五年の時期
第三篇　一九四五－一九六六／六七年の時期
第四篇　一九六七－一九九二／九三年の時期

ヴェルナー・オンケンの序文

『シルビオ・ゲゼル全集』が出版されることによって、ゲゼルの、後期資本主義的市場経済論に関するすべての原著作が再び入手可能な状態になった。その結果、資本主義や共産主義に代わる別のモデルについてのゲゼルの見解を詳細かつ科学的に研究することが、今や可能となっている。こうした資本主義や共産主義に代わる別のモデルについてのゲゼルの見解を検討することは、中欧と東欧の体制転換や東西の体制間競争における西欧の経済体制の外見的勝利といった転換点の後では、とりわけ必要なことになっているといってよいだろう。

『ゲゼル全集』の最後の巻を刊行するための編集活動と並行しながら、『ゲゼル全集』の基本構造に立脚した新たな双書「自然的経済秩序研究双書」の編集も始まった。その際、この双書を出版する対外的な目的は、『ゲゼル全集』全体の関連を明確化させることにある。つまり、シルビオ・ゲゼルの主著『自由地と自由貨幣による自然的経済秩序 Die Natürliche Wirtschaftsordnung durch Freiland und Freigeld: NWO』というタイトルに由来する「自然的経済秩序 Die Natürliche Wirtschaftsordnung: NWO」という名称こそが、この全集の内的一貫性を作り出すものになるべきなのである。だが、この双書における「自然的経済秩序の研究」は、もちろんシルビオ・ゲゼルの四〇年にわたる社会改革運動の経過の中で彼が書きおろしたすべての著作の無批判的な再現であってはならないのである。むしろこの双書は、ゲゼルの偉大な業績を高く評価する立場から、ゲゼルの伝記とその同時代的背景とを明らかにすると同時に、そうしたゲゼルの書きおろしたものの経済的、政治的、哲学的そして歴史的内容への批判的研究に奉仕するものでもなければならないのである。

「自然的経済秩序研究双書」（以下「ＮＷＯ研究双書」と略す）では、上述のこと以外にも、シルビオ・ゲゼルが基礎づけを与えた思想学派の歴史、その内部構造ならびに同一の系統にあるその他の社会運動との相互関係もまた、批判的に検討されるべきである。そしてこの双書の最後のシリーズでは、ゲゼルの著作を経済学者や社会科学者、法律家、政治学者、神学者、哲学者そして歴史家と対話させるかたちで批判的に検討した上で、その現実化と発展をはかる研究書ならびに論文集が出版されなければならないだろう。

これまでシルビオ・ゲゼルの弟子たちは、自分たちの歴史を書くことを怠ってきた。したがって、「自由経済文庫」の建設期間中そして「ゲゼル全集」の編集期間中、このような活動がＮＷＯ運動の重要な空白を埋めることに貢献できるのではないかという期待が生れるに至った。［そうした期待に応えることのできる最適の人物は、ギュンター・バルチュ Günter Bartsch をおいて外にはいなかった。］私は、『社会経済雑誌』の編集に際しての長年にわたるギュンター・バルチュとの良き協力関係によって単なる協力関係を越えた個人的友情を育むに至ったばかりでなしに、彼は在野の活動的な独立の歴史家としてＮＷＯ運動の包括的歴史を描くのに最適な人物であるという信頼をも強く抱くようになっていた。そのことに加えて、彼は、すでに彼の青年時代の一九四六年にはＮＷＯ運動に通暁しており、彼の著作の中でこのＮＷＯ運動を様々に書いてきた人物だからでもあった。

さらにギュンター・バルチュがＮＷＯ運動の支持者ではなく、好意的な観察者であるということも、私にはとりわけ好都合のように思われた。もし彼がＮＷＯ運動の支持者としてこのような試みを行っていたならば、彼は美化された英雄談を書く羽目に陥って、その研究は信頼性を損ねるものになっただろう。またギュンター・バルチュは、社会運動のもつ複合性についての造詣の深い専門家でもある。そのことは、彼の様々な著作によって証明されている。したがって、彼の深い洞察力は、個々人の活動や多数の個々の事件を、その他の社会運動との対比において認識することを可能にしたばかりでなしに、全体としてのＮＷＯ運動の意義との関連においてそれを認識することをも可能にしたのである。それに対し、ＮＷＯ運動だけを孤立的に理解しようとする人々は、実際にはＮＷＯ運動の意義をほとんど理解できていない者たちなのである。

つまり、ギュンター・バルチュは、詳細なことがらがもつ価値と大きな関連についてのきわめて純度の高い歴史的センスをもった人物なのである。無数の歴史的原資料に取り組もうとする彼の精神的活力は、尊敬に値いする。また大した反対給付もなしにこの膨大な著作を完成させるための彼の準備も称賛に値いするものである。

こうしたギュンター・バルチュの研究に真先に研究補助金を与えてくれたのは、社会科学研究会と自然的経済秩序のための国際協会だった。さらに公正な経済秩序のためのキリスト者、エッセン自由社会同盟そして少数の個人的寄付者も、この著作の誕生に貢献した。すべての支援者にこの場をかりて心から感謝したい。しかるに、NWO運動は、この著者の仕事に四年間の時間しか与えてくれなかった。ギュンター・バルチュは、一時的にはこの仕事を完成させるのは無理だろうと考えたけれども、ついに一冊の著作として完成させたのであった。かくしてこのバルチュの著作は、NWO運動にとって計り知れないほど大きな理念的価値をもつ贈り物となったのである。それゆえに、彼には最大級の感謝の意を示さなければならないだろう。

一九九二年の秋に、ギュンター・バルチュは彼の著作原稿を完成させ、それを私に引き渡すや、彼は安堵し、内的重圧から解放されることになった。その際、私は、彼から完成した著作原稿をもらった喜びの中で、彼に次のように尋ねた。「大抵の歴史家ならば見逃してしまうような特殊な社会運動に関する膨大な著作を、困難な状況の中でも執筆しようと最終的にあなたを駆り立てたものとは、何だったのでしょうか」、と。それに対する彼の答えは、NWO思想への好意と批判的距離感とを同時にもっている彼の内的立場にきわめて相応しいものであると同時に、歴史家としての著者の自己了解を示すものでもあった。そのことを証明するために、ここでその時の彼の答えを再現することにしよう。

自由経済運動を孤立的に考察する場合、自由経済運動を理解することは難しい。孤立的に考察した場合、自由経済運動は過大評価されるか、無意味な存在と評価されてしまうかのどちらかでしかない。この自由経済運動の基本的特徴はもとより、その運動の特殊性もまた、この運動が属し、この運動が発展させた社会運動の複合性から生まれたものだった。けれども、この運動はその時々において共産主義的イデー、アナーキズム的イデー、社会主義的イデーそして社会民主党的イデーの実験場であるかのように私には見えたのであった。とはいえ、これらのイデーは、もちろん自由経済運動の個人主義的立場とは対立するものであったが。

私にとってこの自由経済運動の研究に従事することは、私自身が三〇年以上にわたって従事してきた社会運動研究の最後の局面を成すものである。今や『歴史とは何か』ということは、一九八九／一九九〇年の諸事件が示している。歴史の中に隠された糸やその恐ろしい姿は、大抵革命的見地に立った場合にだけ可視的となるにすぎない。歴史家はこうした点を明らかにする必要がある。たとえば、社会運動やその特殊的運動の歴史もまた大抵は潜在的なものである。それらの運動は稀に表層に出てくることがあるにしても、それらの運動の歴史は、大きなモザイクパズルのような状態にあり、小さなモザイク片から構成しなければならない。NWO運動の歴史もまた、私にとっては廃墟のごとき状態にあった。したがって、私は何千にもおよぶ多数の細部（モザイク片）からNWO運動の全体像を再構成しなければならなかった。この仕事に私は三年以上の歳月を費やすことになったのである。だが、そこには、この仕事の遂行に必要な予備的研究や副次的研究は含まれていないことを付言しておきたい。つまり、私は全体から出発できずに、きわめて小さな部分から、すなわち破砕された壺のごとく散乱している破片部分からしか出発できなかったのである。そのために、破片を慎重に張り合わせ、その隙間を埋めなければならないという大変な作業に私は従事しなければならなかった。それにもかかわらず、「NWO運動のような」小さな社会運動の歴史を記録し、この運動の光と影を明らかにするというこうした研究は、来るべき次の世代にとって重要なものになるのではないかという私の予感が、私をこうした研究へと導いたのである。

NWO運動が誕生してから百年以上経った今、われわれは、シルビオ・ゲゼルの社会改革思想が――当初彼の思想を受容したのは、少数の人々であったが、その後は一時的には多数の人々となった――ゲゼル派の人々を越えて公衆の意識に到達した道筋についての包括的な概説書をもつに至っている。ギュンター・バルチュのこの著書は、行動した人間たちの感銘的な姿とその組織の様々な局面、とりわけその特殊な諸潮流の内部闘争の様々な局面を伝えている。その意味で、このギュンター・バルチュの著書は、NWO運動の過去の扉を開くための鍵として、またその自己批判的検証を行うための鍵としても、その将来への道標になりうるものである。このギュンター・バルチュの著書は、とりわけNWO運動に所属していると感じている人々の誤謬を指摘する鏡のごとき役割を果たしてくれるだろう。

私は、こうした人々が百年にわたって存続してきたNWO思想から一時的に離れて、彼らのNWO思想に対する責任感から「NWO思想とは何だったのか、また何であるのか、そしてNWO思想は今後どうあるべきなのか」を自問自答することを希望するものである。その自問自答に際して、こうした人々が、おとぎ話の白雪姫の継母のように、この鏡で自分たちの姿を見て「自分たちが世界で一番美しい」ことを確認するだけであってはならないだろう。自惚れたり自己の誤謬を忘却したりすることは、客観的な自己評価を行うことを妨害し、自分たちの行動の対外的作用を損なうものになる。もちろん、誰しも人間的弱さをもっている。したがって、人間たちが共通の目標を追求しているところではどこでも、人間たちは不完全にしか行動できず、良き事はもとより、魔女裁判や公開処刑、聖戦そしてシュタージのテロに至るまでの悪しき事をも引き起こす。そのような間違いを犯すことよりももっと悪しきことは、自己批判的に回想しないこと、歪曲化された行動形態を廃棄しないこと、新しく出直さないことなどである。こうした点で、NWO運動に関するギュンター・バルチュの歴史学上の大著は、NWO運動の中の「小児病」を克服し、その誤謬の是正を行う大きな機会を提供してくれるだろう。またその著作は、たとえば、パウルス・クリューフェル **Paulus Klüpfel**、カール・バルカー **Karl Walker**、ヨハネス・ウデ **Johannes Ude**、フリードリヒ・ザルツマン **Friedrich Salzmann** のもとに見出だされるような、発展可能性をもちながらも、埋葬されてしまった思想の萌芽を再発見することをも可能にしてくれるだろう。

歴史を教師としてそこから助言を得ようとすることは、個々の役者たちを裁判にかけることを意味するものではない。中心的イデオローグを自称する人々のもとで「嫌われている人物」を排除するようないわゆる全体主義的な観点の駆除も、ここでは問題とならない。むしろＮＷＯ運動を歴史的に回顧するということは、自由で妨害されることのない思想交流の場を発展させるとともに、自らの思想を純化させる契機を与えるものとならなければならない。そのような課題をもって書かれたこの双書は、シルビオ・ゲゼルの社会改革論を心中に抱いている人々にはもとより、将来このような改革に取り組みたいと思っている人々をも唖然とさせるものとなるのかもしれない。というのも、内的不和や動揺が生まれているこの時期にこそ、密教化してしまった思考様式を再吟味したり、新たな道を開拓したりすることが可能になるからである。この双書が切り開いた考察過程についての公的な討議は、この「ＮＷＯ研究双書」の次の巻で行なわれるだろう。そこで、ギュンター・バルチュは、土地の国有化要求ないし貨幣数量説のような、ＮＷＯ運動の若干の基礎的思想への批判的質問に対して熟慮しつつ答えることになるだろう。そのような問いを許可しなければ、「ＮＷＯ研究双書」は、精神的不自由さの象徴になってしまうだろう。しかるに「ＮＷＯ研究双書」内部の精神的自由には、そのような挑戦を受け入れて、客観的明晰化にさらに努めるための準備も含まれているといってよい。そうしたことができた場合にだけ、当該巻の公刊とともに始まったこの双書は、その刊行意義を果たすことができるのである。

第一篇　一八九一―一九三二／三三年の時期

1 概　念

なにゆえＦＦＦ〔Freiland-Freigeld-Festwährung：自由地－自由貨幣－固定通貨制度〕運動の歴史が書かれなかったのか。その理由は、ゲゼルが第三のＦ〔Festwährung：固定通貨制度〕に反対の意見を表明したからにほかならない(1)。またなにゆえ自由経済派 Freiwirtschaft の歴史が書かれなかったのか。その理由は、ゲゼルが一種の二段階戦略、すなわち当初の段階は自由経済の段階、そしてその後はフィジオクラティーの段階という二段階戦略をもっていたからにほかならない。

もちろん、最近数十年間では、ゲゼル理念の支持者やその戦闘的な主張者を「自由経済主義者 Freiwirtschaftler」と呼称することが通例になっているし、彼らもまた自らをそのように呼称している。けれども、皇帝が支配していたドイツ帝国の時代やヴァイマール共和国の時代には、彼らの多くは自らを好んで「フィジオクラート Physiokrat」と呼称した。

そうした彼らのひとりであるマルティン・ホフマン Martin Hoffmann すらも、当時にあってその様々な運動諸潮流が存在していたことを語り、その運動諸潮流の間に次のような鋭い分岐線を引いたのであった。すなわち、バリケードの一方の側に市民的な自由経済派が立ち、バリケードの他方の側にプロレタリア的なフィジオクラート派が立っている、と。だが、ここで問題とされるべきは、その運動諸潮流の対立的性格よりも、同一のイデーがいかに様々な発展形態を辿ったのかということである。

事実、ＮＷＯ運動の概念史として見れば、この二つの運動潮流は再び統合されることになった。そのことが可能になったのは、この二つの運動潮流が、ともに『ＮＷＯ』と略称されるゲゼルの著作『自然的経済秩序』に依拠した運動だったからである。それゆえに、ここでは、中間的諸潮流やアウトサイダーをも含めたその全体的考察が重要になるだろう。こうした全体的考察に必要な、ＮＷＯ運動の諸潮流全体に共通する概念としては「ゲゼリアンGesellianer」という概念が役立つものとなるだろう。だが、いずれにしても、一九四五年までは、「自由経済主義者Freiwirt」という概念もまた、「ゲゼリアン」という概念とともに、こうした諸潮流全体に共通した概念として利用可能なものになるだろう。

２ 方 法

ここでの私の研究は、ＮＷＯ運動の支持者の立場からのものではなく、歴史家としての立場からのものである。こうした私の立場は、必然的にこのＮＷＯ運動から距離を取った態度にならざるをえない。だが、こうした私の立場は、私の研究全般が科学的になる可能性を最初から与えてくれるものでもある。実際、私はここでの私の研究においては、可能なかぎり客観的かつ大局的に分析することに努めた。こうしたここでの私の研究態度を一言でいえば、「冷淡ではなく、冷静に」ということになる。そのような研究態度を取らなければ、歴史家は特定の運動でもなければ、その内部の一潮流でもないような政党を理解することができないのである。

他方、私が理解するような歴史学上の方法は、史料へのきわめて徹底した取り組みを必要とする。その際、距離感と徹底性が相互に補完し合わねばならない。距離感は外部からの冷静な考察を可能にしてくれるし、徹底性は当該運動の内的生命力の如何を触診させてくれる。とりわけ後者を評価するための科学的基準は、［今のところ、］あまりにも狭隘すぎる。そのために、ここでの私の研究では、事例として伝記的側面もまた配慮しなければならなかった。というのも、ＮＷＯ運動は全体としては個人主義的な運動と理解されていたように、そこでは個人の人格や個性が、その他のあらゆる運動よりもより大きな役割を果たしているからである。それ以上に、ここで驚くべきことは、本来個人主義的なＮＷＯ運動が組織化されていたということであるだろう。それゆえに、ここでの歴史学上の方法は、個人主義と組織の関連を研究するという特別な課題に応えるものでなければならないのである。

ちなみにいえば、その他の社会運動は、個人主義と組織という緊張関係を解決することもできなければ、それを利用することもできなかったのである。[それができたのは、NWO運動だけだった。]

3　全体的関連

NWO運動は、どのような状況の中で誕生したのだろうか。NWO運動は、社会運動全体の内部にある一種のサブカルチャーとして形成され、通常は軽視されているような特定の課題、すなわち社会的公正の観点からの貨幣と土地代の問題――そこには、通貨制度の問題も含まれていたが――を解決するという課題を引き受けた社会運動であった。

あらゆる社会運動と特殊的運動とを含んだ社会的複合体の場合、それぞれの運動は相互に分業的役割を担うものになる。それと同時に、それぞれの運動は、社会の奇形化を阻止し、未解決な社会問題を処理するために必要なユートピア上の緊張関係を生むものになる。(2) もしそのような緊張関係が生じないならば、それらの運動は革命とはまったく疎遠なところに向かうことになってしまう。つまり、どんな社会運動も、現在の諸関係という呪縛を打破し自らの課題を解決するためには、自らの社会的ユートピアを必要とするということなのである。その際に、各自の運動はそれぞれ異なった道を辿るとともに、特別の組織形態ならびにその特殊な方法を発展させるのである。だが、その目標は本質的に同一である。それは、人間による人間の搾取の廃絶と社会的公正の原理にしたがう新しい社会の形成にほかならない。

このような社会的複合体には、すべての社会的諸勢力、すなわち社会問題を掲げ、その問題の解決への提案を行ない、そしてその提案の実現のために実践的努力をするすべての社会的諸勢力が所属している。したがって、このような社会的複合体では、様々な諸理論と諸イデオロギーが、社会的総運動の内部での精神的な物質代謝に尽力することになる。かくしてこのような社会的複合体では、あらゆる社会運動とその特殊な諸潮流は、労働と資本の関係ならびに労働と土地の関係に関する基本的問題をめぐって相争うことになるのである。その際、彼らの共通のドグマになるのは、労働の優先であり、労働こそあらゆる富の唯一の源泉であるという主張にほかならない。

私は、以前別のところでNWO運動を「特殊な社会運動」と特徴づけたことがある。(3) つまり、この運動は、社会的複合体の限界領域で誕生して以来、このような社会的複合体の全体に影響を与え続けていると同時に、今なおアクチュアルである一定の問題の前に立ち続けている運動なのである。こうした「特殊な社会運動」を孤立的に見る場合には、つまりこうした「特殊な社会運動」を社会的複合体の外部において見る場合には、こうした「特殊な社会運動」を理解することができないというのが、ここでの私の見解なのである。

NWO運動と異なるもうひとつの「特殊な社会運動」は、ルドルフ・シュタイナー Rudolf Steiner によって着想された「社会的三分節論の運動」である。シュタイナーとゲゼルの間には様々な共通点が存在し、前者が両者共通の基本思想の密教的側面を代表し、後者がその顕教的側面を代表しているかのような関係にある。事実、NWO運動では、多々シュタイナーの「社会的三分節論イデー」が注目されたのであった。

ところで、こうしたNWO運動の主戦場は、ドイツだった。このドイツからNWO運動は他の国々、とりわけスイスとオーストリアに伝播したのである。ドイツの自由経済派とフィジオクラート派が典型的な存在になり、典型的に活動したということを考慮するならば、われわれの主要な分析がこの両者に限定されるものになるとしても、それは許されるだろう。

第一章　シルビオ・ゲゼルによるNWO運動の精神的基礎づけ

1「錆びていく貨幣」という根源的イデー

シルビオ・ゲゼルは、彼自身の生活はもとより何千人もの他人の生活を完全に変えてしまうような新しいイデーの創始者であった。彼がそのイデーに辿り着いたのは、彼が一八八七年にアルゼンチンのドイツ人居住区で始めた事業並びに彼の所有するダンボール箱製造工場を更なる損害から守ろうとする商人そして事業家としての立場からであった。

一八九〇年頃のアルゼンチンでは、激しい物価変動に伴う経済危機が起こっていたが、ゲゼルは、その危機を独自の統計表を作成して、持続的に記録していくことで究明しようとしたのであった。視界のきかない巨人のような彼の前に、次のような三つの重大な問いが浮上した。第一の問いは、いかにしたら再び安定した物価になるのかという問いであり、第二の問いは、今後経済危機はいかにしたら予防できるのかという問いであり、そして第三の問いは、インフレーションの根本的原因とは何なのかという問いである。ゲゼルは言う。

貨幣供給と商品供給の比率は、本来一致しなければならなかったにもかかわらず、アルゼンチンではこの比率は、紛れもなく攪乱している。というのも、貨幣所有者が商品の本来の所有者として商品を腐らせてしまうからである。つまり、この事態の本質は次の点にある。商品は長期にわたるストック状態の間に腐ってしまうか、大抵その価値を失っていく。それに対し、貨幣は腐らない。貨幣は金庫の中に保管できるのに対し、財の所有者は可能な限り迅速な販売に依存している。だが、商品が貨幣を求めるように、本来貨幣も商品を求めなければならないのである。かくして今や、自然に反する状態が生まれているのである。

この自然に反する状態からの逃げ道は、どこにあるのだろうか。その逃げ道は、「ゲゼルによれば」、「錆びていく銀行券」の中にある。この「錆びていく銀行券」は、商品と同様に貨幣を腐らせることによって、貨幣の特権を打破するものである。こうして商品所有者に対する貨幣所有者の優位性は廃棄されねばならない。つまり、貨幣はただ交換手段として機能すべきであって、それ以上の存在と見なされてはならないのである。「この『錆びていく銀行券』は、規則的に減価するばかりでなしに、流通強制をも伴う貨幣でもある」、と。

このような着想が閃いてから、ゲゼルは三日間昼夜を問わず落ち着かない日々を自宅で過ごしたのであった。すでに多数の帝国と国家が興亡を遂げるに至ったこの世界史の難問を、彼は自分の手によって一気に解決できたと考えなかっただろうか。

ゲゼルのこうした感情と確信は、彼の処女作『社会国家に架橋するものとしての貨幣改革』（一八九一年）——この著書の中でゲゼルは、自らの着想を様々な状況の中で描こうとした——の中に溢れているのである。

2　社会問題という火口の前で

ゲゼルの創造的精神が「錆びていく銀行券」という根源的イデーを生み出した、ないし受胎させた少し後に、ゲゼルはこの「錆びていく銀行券」という根源的イデーの中に社会的憤激の炎を激しく燃え上がらせる「革命的火種」(4)が存在していることを初めて認識したのだった。かくして彼は、突如社会問題という煮えたぎる火口の前に立つことになった。その結果、このような焦眉の問題をその他のあらゆる思想家よりもより根源的に解決することが、ゲゼルに要請されたのであった。

ゲゼルは、供給と需要の関係を明確化した後に、資本と労働の関係に取り組むことになった。その成果が、彼の第二の著作『事態の本質』（この第二の著作は、『社会国家に架橋するものとしての貨幣改革』と同じく一八九一年に出版された）にほかならない。

その著作の中でゲゼルは、彼の実践的な商人的知識に基づいてあらゆる国々の貨幣制度の「先天性障害」に挑むことになった。けれども、社会問題に対するこれまでの理論以上の解決策を見出だすためには、ゲゼルはとりわけマルクス **Karl Marx** に取り組み、そしてこのマルクスと論争しなければならなかった。かくして冷静な観察の後に、彼の理論的研究が始まったのである。

マルクスと同様にゲゼルもまた、資本主義の全般的崩壊を予言した。だが、ゲゼルはマルクスとは異なった結論に到達した。それは次のようなものである。その国の貨幣の全体的価値は、その国の大なり小なりの貨幣量によって規定されるのではなく、むしろ販売向け商品の大なり小なりの量によって規定されるがゆえに、人為的に惹き起された貨幣量の不足や過剰な貨幣が初めて危機に導くというのである。

ゲゼルによれば、マルクスというドイツ社会民主党ＳＰＤの有能な指導者は、間違った道を歩いてきた。「マルクスは、社会的不平等の根源を資本家による人民の生産手段の所有に見てきたが、このような根源がその養分を引き出す土地を研究しなかった。このような怠慢の罪がマルクスを誤った道に導くと同時に、マルクスの理論を詳細に吟味することなしに受容したすべての人々を出口のない迷宮に引きずりこんだのであった。」(5) ゲゼルは言う。「工場主の権力は機械の所有に依拠しているのではなく、彼の所有する貨幣の不変性（錆びることがないという物理的性質）に依拠しているのである」、と。

さらにゲゼルは言う。「マルクスは、金が貨幣を支配しているにもかかわらず、この金と貨幣を等置している。資本主義は金にその根源があり、金から決定的な力を引き出している。したがって、資本主義を除去しようとする者は、金からその決定的な基礎を奪い、金本位制度を廃止しなければならない」、と。

ゲゼルによれば、農民が自らの荷車のために金の車輪を注文するようになった場合に、金は人畜無害な存在になる。そして彼は言う。「すでに数千年前にあった金属貨幣だけが今なおそのまま残っているのに対し、それ以外のあらゆる交通制度は根本的変化を遂げている。『諸君は古臭くなった貨幣制度を廃止し、金をがらくた入れの納戸に投げ入れたまえ。そうすれば、事態は一挙に変わることになるだろう』(6)」、と。

彼によれば、古臭くなった貨幣制度は、その内部から自己回復を遂げていく現代経済の胎内に巣くうサナダムシのごとき存在なのである。

しかるに、ゲゼルにとって社会問題は、物質的側面と精神的側面とを併せもつものであったけれども、なによりもまずそれは胃の腑の問題として現われ、そのようなものとしてまず最初に充足させられねばならないものであった。ゲゼルによれば、そのような物質的問題の解決は、根本的かつ簡単な方法の貨幣改革によって達成される、と。

他方、社会問題は、精神的観点から見るならば、自由と完全な独立性を熱望する問題でもある。したがって、胃の腑の問題は、自由と独立性を犠牲にして解決されてはならないのである。換言すれば、胃の腑の問題は、共産主義的経済体制によって解決されてはならないということなのである。かくして社会主義的諸政党の綱領から共産主義的経済体制による解決という要求を削除するならば、すべての労働者と農民はもとより、官僚、大学教授、商業界の多数の人々も、こうした社会主義的諸政党に加入することになるだろう。ゲゼルはそのことを次のように述べている。

貨幣改革は、共産主義的経済体制に助けを求めることなしに、社会問題の解決を可能にするとともに、今日の経済体制のもとでひどく苦しんでいるすべての分子を社会主義的運動に供給し、現実にすでに存在している社会国家を拡充することを可能にする。(7)

このようにゲゼルは、自らの貨幣改革を社会国家に架橋するものとして理解したのである。その際に、ゲゼルは、ドイツの社会主義者たち、すなわちラッサール主義者もベーベル主義者も、彼らが等しく「人民国家」と呼んでいた「社会国家」をすでに一八七五年の彼らのゴータ綱領の中に受容していることを示唆したのである。事実、彼はすでに一八九一年にドイツ社会民主党ＳＰＤに接近し、自らのイデーをドイツ社会民主党ＳＰＤの中に持ち込もうと試みたのであった。その時彼は次のように主張した。「アウグスト・ベーベル August Bebel とヴィルヘルム・リープクネヒト Wilhelm Liebknecht は、マルクスによって間違った道に導かれてしまった。それゆえ、党員たちは彼らの指導者が述べることを簡単に信じてはならず、むしろ貨幣改革について自立的に考えるべきである」、と。

3　社会的ユートピア論の拡充

ユートピアについてのエルンスト・ブロッホ Ernst Bloch の主張にもかかわらず、ユートピアにはたえず単なる夢想といった匂いがある。けれども、ユートピアというものは、内部対立や潜在的可能性を孕んでいる現実の中で表出されるものでもある。したがって、「ユートピア論 Utopismus」は願望の上に築かれる。ところで、ゲゼルは、共産主義的経済体制による自由の王国への飛翔というマルクスのユートピア論に対して何を対置させたのだろうか。彼は、社会的嘆きの壁に次のような約束の地を描いたのであった。

①　卸売業の除去。その結果、生産者は何百万マルクもの商業費の節約が可能になる。（このことは、すでに古典

的社会主義者チャールズ・フーリエ Charles Fourier が追求した思想である。)

②利子制度の廃絶、そしてそれとともに「大群のレントナー」(8)の廃絶。

③慢性的失業を不可能にするとともに、この慢性的失業という圧力からの賃金の解放。

④金融危機の永遠の廃絶。その結果、労働者は貯蓄可能になるとともに、自らのための生産手段の獲得と使用が可能になる。

⑤投機の廃絶。その結果、生産者は詐欺から守られることになる。

⑥土地という宝物への万人の平等な権利の実現、否、地球上の土地の万人への平等な分配の実現。

⑦女性の物質的窮乏からの解放、そしてそれとともに金銭欲からの女性の解放。

⑧すべての者が貯蔵庫を設置することによる、搾取欲の防止。

⑨安定的価値をもつ貨幣の導入。

⑩貨幣所有者の気分や恣意からの労働者の解放。

⑪起業のための無利子信用。これは、経済に新しい刺激を与えるものになるだろう。

⑫高利貸しの絶滅。なぜなら、すべての商品は現金で決済されるにちがいないので、誰ももはや金詰まり状態に陥ることがないからである。

⑬取引所、銀行そして抵当機関の消滅。

⑭あらゆる債務からの農民の解放。

⑮すべての国家構成員への平等な老齢年金の支給。

⑯学校授業料の完全無料化。

⑰医療費の無料化。

けれども、労働権や八時間労働制に対しては、ゲゼルは反対し、次のように主張した。「貨幣改革は、すべての人間を保護監督から解放し、自分の好みに応じて労働できるようにする。[9]」

またこの当時の彼は、国立学校を支持していた。なぜなら、国立学校は、「すべての者が自由の意義を理解できるまで[10]」通学すべき自由な学校だからである、と。

［ゲゼルによれば、］工場主の廃絶は、労働者の利害に反したものである。なぜなら、工場主は、労働者に手工道具を貸与してくれるばかりか、移住の自由という利点をも与えてくれるからである。だが、工場主といえども、彼らによる搾取は阻止されねばならない。こうした搾取は、事業家が支払わなければならない犠牲（移住の自由の放棄、そして事業家としての不愉快事、そして心配事など）に見合ったもの以上のより大きな利潤を要求する場合にだけ存在するにすぎない。（それに対し、マルクス主義者の場合、搾取は、賃金労働者への支払いとは無関係に、たんに賃金労働者の雇用によって与えられているのである。）かくしてゲゼルは、「レントナー Rentier」だけを敵視することになったのである。（その後のNWO文献では、「レントナー Rentier 階級」という概念の中に「年金生活者 Rentner」といった誤った概念が紛れ込むことになっている。）

さらにゲゼルは言う。「『錆びていく銀行券』は刑務所を空にするだろう。というのも、誰も大金を騙し取ったりしないからである。また『錆びていく銀行券』は、不合理な貨幣制度が根絶させてしまった『気高い心情[11]』を人間に再び付与するものになるだろう。そうなった時、警察は余計になり、官僚制度も消失していくことになるだろう」、と。

以上が、ゲゼルの社会的ユートピア論の基本的内容である。こうした彼の社会的ユートピア論は、後に自由地論を媒介とした城内平和・国際平和論によって補足されることになる。

他方、ゲゼルは、疑いもなく、彼が一八九二年の第三の著書『貨幣の国営化』で書いたように「貨幣の国営化」を志向した。彼は言う。「民間資本が時間の経過する中で完全に消滅し、『国家がそうした民間資本を所有するようになった[12]』時に、その国家は万人に完全な自由を委ねる社会国家になる」、と。つまり社会主義者の場合には「社会化

［一般］」が、そして共産主義者の場合には「生産手段の国有化」が要求されたけれども、ゲゼルの場合にはこのように「貨幣の社会化」が要求されたのであった。一九一八年以降のゲゼルはアナルコ＝リベラリズム的心情、すなわち国家の漸進的解体をもっとも必要なことと見なす考えをもつに至り、一九二七年には国家の全面的否定と自治主義的自由秩序支持の立場を表明した上で、この自治主義的自由秩序を自由地で実現すべきものと宣言したのであった。かくしてゲゼルの社会的ユートピア論の発展過程は、彼の多数の支持者たちが無視しようとした一九二七年の彼の著書『国家の漸進的解体』で完結を迎えることになるのである。

しかるにこうしたゲゼルの社会的ユートピア論の核心となったのは、労働運動の根源的推進力である労働全収益という約束だった。

けれども、こうしたゲゼルの約束は、彼の社会的ユートピア論の重大かつ根本的な訂正に導いたのであった。ゲゼルは『事態の本質』という彼の著作の中でプロイセン国家による騎士領の購入に対して反対すると同時に、金融界の人々に有利な農地の没収に対しても反対して、次のように述べた。「土地は私的所有に属する。私的所有は侵害されてはならない」、と。彼はそれを『事態の本質』の中で次のように述べている。

貨幣改革は、土地を私的所有と宣言する。耕作者は自分の土地を自由にすることができる。だが、農民は自らの土地に抵当を課すことができないばかりか、販売することもできない。したがって、農民の土地は高利貸しの手に渡ることもない。……土地はもはや賃貸しすることもできない。なぜなら、貨幣改革によって賃金が高騰し、いかなる借地人もその借地代を支払うことができなくなってしまうからである。(13)

その後ゲゼルは、ヘンリー・ジョージ Henry George の自由地イデーを受容し、そのイデーを自らの社会的ユートピア論の中に組み入れたのであった。「資本利子から切り離されたレントナー Rentier は土地に逃げてはならないばかりか、そこで土地地代という不労所得でますます裕福になってもならない」、と。こうしてゲゼルは、今やヘンリー・ジョージの提案と一致し、初めて土地の国有化を支持することになったのである。またそこには、フリュールシャイム Flürscheim の影響があったことも忘れてはならないだろう。

4 自然的経済秩序―その像

シルビオ・ゲゼルによれば、社会問題の完全な解決のために打破されなければならない二つの根源的な独占がある。第一の独占は貨幣独占であり、これは改革貨幣によって打破されなければならない。第二の独占は土地独占であり、これは自由地によって打破されなければならない。この二つの「根源的に破壊的な」改革によって、人間世界は初めて安定した基礎の上に立脚することが可能になるばかりではなしに、戦争や経済危機などからも解放されることになるだろう。そうなった時、社会的公正と溢れんばかりの自由とが支配する「フィジオクラートの時代」が始まるだろう。だが、そのような時代が始まるためには、なによりもまずその経済的基礎、すなわち自然的経済秩序が創出されていなければならない、と。こうした自然的経済秩序の二大支柱となるのは、改革貨幣と自由地であるというのが、ここでのゲゼルの基本的主張なのである。

彼によれば、こうした自然的経済秩序は、有機的な自然の所産ではなく、むしろあらゆる秩序がそうであるように、人間行為の所産にほかならない。――そうしたことが言えるのは、もちろんその秩序が人間たちに受容されているかぎりにおいてであるが。――こうした自然的経済秩序において個々人の原動力となるのは、「利己心 Eigennutz」と呼ばれるものである。そしてこうした「利己心」の自由な発動が自由競争という社会の基本法則になるというのである。そうした認識をした上で、ゲゼルは次のように言う。「利己心の自由な発動のために、リベラリズムはすでに努力してきた。このような利己心の自由な発動に努力してきたという点において、マンチェスター学派は正しい道を歩んできたのである。だが、マンチェスター学派は、貨幣や土地所有などの特権の廃棄を目指さなかったために座礁してしまった。自然的経済秩序におけるような真の自由競争が可能になるのは、貨幣や土地所有などの特権を廃棄した場合だけなのである」、と。かくしてゲゼルは、自らの課題を「万人が競争を平等に闘い抜く装置(14)」を作り出すことに見たのであった。

ゲゼルの考えによれば、そのような「装置」を作り出すことは、「資本主義の終焉」ということを意味した。けれども、彼は、民間の事業家をレントナーと区別したように、資本主義を市場経済と区別した。民間の事業家は生産的階級に所属しているが、レントナーは不労所得で暮らす不生産的階級に所属しているというようにして両者を区別した。こうした不労所得の廃棄は、ゲゼルにとって、自然的経済秩序のネガティヴな側面でしかなかった。そのポジティヴな側面は、市場経済 Eigenwirtschaft を成熟させることであった。

かくしてゲゼルは、マモンの神、すなわち世界の中でもっとも強力で、もっとも暴力的な神に反対する闘争を引き受けることになったのである。このマモンと比較するならば、その他の社会運動が攻撃目標とする資本、国家、教会などは何と弱々しい存在に見えただろうか。しかるに当時のゲゼルは、このマモンとの闘争に勝利する展望をもつことができたのだろうか。[否である。]

それでもゲゼルは、プロレタリアートと労働運動の支持を勝ち得た場合にのみ、このマモンとの闘争が可能になると考えたのであった。そのことを、彼は一八九一年の著作『事態の本質』の中ですでに仄めかしていた。それだからこそ、彼は遠くアルゼンチンの地からドイツ社会民主党SPDに羨望の眼差しをもって眺めつつ、独自の観点からドイツ社会民主党SPDの精神的構造やその選挙の勝利を詳細に研究したのであった。

一九〇九年に、ゲゼルは当時まで未公刊の草稿のままだった彼の著書『貨幣と利子の新学説』を纏め公刊したが、その著書はプロレタリアートに対する講話集でもあった。その著書の中で彼は、資本主義という巨大なポリープを最終的に一撃で切除できる剣をプロレタリアートのために作り上げつつも、その切除に役立たないマルクスの安直なプロレタリア理論をまったく問題にしなかった。そして彼は言う。

だが、諸君は正しい。貨幣は国家によって発行され、国家によって流通させせられ、国家によって管理されている。そして今日の国家は資本家階級の手中にある。……かくして私が言うことを、諸君は聞いてほしい。私を万国の団結したプロレタリアートの独裁者に任命し、この私の命令にしたがって行動してほしい。[15] そして労働者も金属貨幣をるつぼに投げ入れ、銀行券を暖炉に投げ込むべきである。

ゲゼルは、いずれ労働者たちと個人的に話すためにドイツに帰って、社会民主党系の新聞通信を発行し、自然的経済秩序についての自らの論稿を掲載したいと望んでいた。こうした望みを示す彼のメッセージが出されたけれども、それは実際に改革を目指す人間に出されなければ無価値でしかなかった。それゆえに、ゲゼル自らが改革に乗り出さざるをえなくなったのである。こうしてゲゼルは、キリスト教的謙遜を順守したクリューフェルとは異なって、社会改革上のルネッサンス期における最後の偉大な人間のひとりになったのである。

原　注

（1）FWB-Mitteilungsblatt Juni 1929-Gesells Brief an Bender.
（2）Joachim Raschke, Die Sozialen Bewegungen, Frankfurt/Main 1985.
（3）Günter Bartsch, Die Sozialen Sonderbewegungen - Satelliten oder Eigenmodelle? Marburg 1985.
（4）Silvio Gesell, Gesammelte Werke, Band 6, Lütjenburg 1990, 8. 18
（5）ebenda, Band 1, S. 74
（6）ebenda, Band 1, S. 76
（7）ebenda, Band 1, S. 148

(8) ebenda

(9) ebenda, S. 135

(10) ebenda, S. 136

(11) ebenda, S. 115

(12) ebenda, S. 62

(13) ebenda, S. 131/32

(14) Silvio Gesell, Die natürliche Wirtschftsordnung, Lauf 1946, S. 14

(15) Silvio Gesell, Gesammelte Werke, Band 5, Lütjenburg 1989, S. 261

第二章　ゲゼル派の思想学派

社会運動が誕生する前の時期にはもとより、社会運動が開始する時期にも、この社会運動の根源的イデーを様々な観点から検討し、発展させる思想学派が必要になる。

こうした思想学派では、すべてのイデーは狭義にも、また広義にも解釈される。かくしてどのような社会運動にあっても、そのイデーを狭義に解釈する者とそれを広義に解釈する者とが共存することになる。そして前者の人々がその根源的イデーに基づいていわゆる分派を形成するならば、後者の人々もそれに対抗して大同団結することになる。

こうした社会運動の思想学派に本来属している人々とは、［運動の］初期の頃のイデーに何かを付け加え、そのイデーを拡大した人々である。それ以外の要件として、こうした人々は、自らへのいかなる支持者ももってはならないし、むしろそのイデーの創造者への個人的協力者ないし死後の協力者とならなければならないということも、必要である。したがって、そこで問題になるのは、思想学派という枠内での彼らの独自性ということになるだろう。

イデーを狭義に解釈する者であっても、たとえばマルティン・ホフマン（ディオゲネス Diogenes）やパウル・ハーゼ Paul Hasse の場合のように、新しい思想に寄与することもできる。けれども、こうした人々によって補足された思想は、往々にして間違った道ないし袋小路に入り込むことになってしまった。

そこで問題となるのは、エルンスト・フランクフルト Ernst Frankfurth の立場であるだろう。ゲゼルは、このエルンスト・フランクフルトを自分がこれまで知り合った人物の中で「もっとも誇り高い、もっとも自由な男」[1]と褒めている。だが、エルンスト・フランクフルトは、ＮＷＯ運動の中に「ダーヴィニズム」と人間の「品種改良」という思想――それらの思想はNWO運動を制約することになった――を持ち込んだ人物でもあった。

これから私は、NWO運動の進路に［ゲゼルとともに］思想的影響を与えた人物たちの手短な肖像を述べることにしたい。こうした彼らの手短な肖像を描くならば、そこにはそれと同時にこのNWO運動の初期の組織段階の実情もまた自ずと浮彫りにされていくことになるだろう。

1　ゲオルク・ブリューメンタールが与えたNWO運動の礎石

ゲオルク・ブリューメンタール Georg Blumenthal がNWO運動の礎石を作ったという場合、それには留保条件があった。

ゲオルク・ブリューメンタール――彼の父親は高い身分の人であった――は、成長期の半分をオスト・プロイセンの村落に住む彼の大好きな祖母の、楽園のような庭――そこで彼は他の子供たちとではなく、そこに咲く花々と遊んだのであったが――という一種の安全地帯で暮らした。また彼は、成長期の残りの半分をベルリンの彼の母親と乱暴な継父――この継父は、彼を廊下で眠ることを命じたりした――のもとで暮らした。(2) 成長した彼は、家具手工業職を習得し、労働組合に加入した上で、職人遍歴を行った。こうした職人遍歴を行う中で彼は、アナーキストや独立派の社会主義者たちと出会うことになったのである。

こうした職人遍歴後、ブリューメンタールは労働者教育学校に通った。その学校の教師のひとりに、『マルクス主義者の国家主義と対立する自由派社会主義 Der freiheitliche Sozialismus』という著書を書いたベネディクト・フリードレンダー Benedikt Friedländer がいた。そのことから、彼は、アドルフ・ダマシュケ Adolf Damaschke やドイツ土地改革者同盟 Bund deutscher Bodenreformer と関係をもつようになったのである。しかし、彼は次のような問いを提起した。「労働者は土地改革から何を得るのか」、と。最終的に彼は、ゲゼルのイデーから稲妻があたったかのような衝撃を受け、自分の求めていたものがこのゲゼルのイデーにあると考えたのであった。

一九〇九年にアナーキズムやアナルコ・サンジカリズムのサークルで多数の講演を行った後に、彼はベルリンでフィジオクラート政治同盟 Verein für physiokratische Politik を創設した。そしてその一年後に、彼は、一九一二年五月頃から小雑誌『フィジオクラート』――この小雑誌はゲゼルの継続的寄稿によってNWO運動の中でその重みを増すものになっていったが――を出版することになるフィジオクラート出版社を設立したのであった。この出版社こそが、一九一六年にその小雑誌の多数の号に掲載されたゲゼルの主著『自然的経済秩序』の初版を出版したのである。

その間に、フィジオクラート政治同盟は、NWOの運動サークルの中で影響力をもつようになっていった。そしてブリューメンタールは、可能なかぎり、ベルリン以外のドイツの他の都市でもたえず講演を行なった。その成果のひとつが、当時ハンブルクのアナーキストだったアルフレッド・バーダー Alfred Bader が、一九一二年の『ベルリン五月新聞』の中でブリューメンタールの思想を取り上げたことである。というのも、彼は、ブリューメンタールの労働者への呼び掛けに注目したからであった。それに対し、ブリューメンタールはハンブルクで小さな講演を行うことで、バーダーを激励した。他方、ブリューメンタールは、ハンブルク人のJ・H・シュミット J.H.Schmidt 宛にフィジオクラート移動文庫――その文庫には五、六冊の冊子しか含まれていなかったけれども、それらはすべてオリジナルなイデーを示すものだった――を贈ったのであった。このような状況の中で、ブリューメンタールは昼夜を問わず活動したが、その成果として一九一三年一〇月二六日に、彼はこれまでの小さな団体フィジオクラート政治同盟をフィジオクラート連合に拡充することができたのである。彼が手紙で報告しているように、この連合は「キリスト教労働組合から個人主義的アナーキストに至るまでのあらゆる雑多な諸傾向が結集した組織[3]」であった。この連合の会議では全員一致が求められ、相互の意見を尊重し合わねばならないとされた。こうしたことを可能にしたのは、ブリューメンタールが世界の中でもっとも自由な組織規約と呼んだ彼の「綱領規約」に負うものだった。

その規約によれば、この連合にはいかなる幹部も存在せずに、すべてのグループは自治権をもち、自分たちの自由な判断で運動のスタイルを決めていく。そしてあらゆるグループと諸傾向の自由競争が闘争の成功を保証する、と。

こうしたフィジオクラート連合の創立大会には、フランクフルト・アム・マイン、ブラウンシュヴァイク、ヴェルテン、フルト、ウールシュタット、シュヴェツa・d・ヴァイセルなどから歓迎のメッセージが届いた。またこの連合はすでにケルンやブレーメンにも支持者をもっていた。そしてこの連合に、オットー・マース Otto Maass やフリッツ・バルテル Fritz Bartel――彼らは後にNWO運動の中で大きな役割を演じることになるのだが――などが加入したのである。アルフレッド・バーダーが演説したことで知られるこの連合の最初のハンブルク会議は、一九一四年六月二四日に開催されたが、ハンブルクは、ベルリンとともにこの連合の二大拠点のひとつとなった。その後この連合と並んで、自立的な西ドイツフィジオクラート邦国連合 Physiokratischer Landesverband Westdeutschland が、ヴィルヘルム・グロス Wilhelm Gross のイニシアチブによって形成されることになったのである。

このような「フィジオクラティー」という概念をゲゼルのイデーと結び付けたのは、ゲオルク・ブリューメンタールであった。そのような結び付きにともなって、NWO運動は、ケネー Quesney からプルードン Proudon を経てヘンリー・ジョージ（ヘンリー・ジョージは「フィジオクラート的」という概念をすでに使用していたのだが）に至る伝統を帯びるものとなったのである。

ブリューメンタールは、ゲゼルのイデーを広めるための大運動の最初の担い手になる機会を伺っていた。というのも、彼は、その運動は強力な労働運動になりうる運動であると考えていたからであった。だが、労働運動の内部では社会主義者、共産主義者そしてアナーキストたちが自らのイデーをすでに浸透させていたのである。こうした状況の中にあって、ブリューメンタールは労働運動に新しい攻撃命令を出した。その攻撃命令とは、労働運動の様々な隊列はこれまで歩んできた道での歩みを止め、団結しながらフィジオクラートの目標に向かって全員進撃せよというものであった。このような攻撃命令は、大胆さからかそれとも高慢さから生まれたのだろうか。いずれにしても、このような攻撃命令はとてつもなく無茶な行為であったことに間違いはないだろう。

ともあれ、ブリューメンタールの演説は内面の熱情をいっそう駆り立てるひとつの社会的予言だった。ブリューメンタールは言う。「武器を持て。そして無気力という心地の良い平和や無知というほほえみの協調の中に、燃えさかる松明、すなわち、これまでの労働者の思想と行動は間違っていたという認識を投げ入れよ」、と。

彼は更に次のように言う。

われわれは、いかなる「プロレタリアート」ももはや見たくない。「プロレタリアート」という存在は、われわれの美的感性を侮辱するものだからである。他方、われわれの人間性やわれわれの心は、このような貧困そしてこのような人間の泥沼化や白痴化の真っ直中で暮らすことに反抗するものである。それゆえに、われわれは、悪疫と闘うように「プロレタリアート」という存在と闘いたいのであり、「プロレタリアート」をこの世界から一掃したいのである。つまり、われわれは、諸君を誇り高く、美しい幸福な人間にし、自然的秩序の上に高度な人間性という寺院を建立したいのである。それがフィジオクラティーの目指す目標である。その実現のために、われわれはすべての人間をわれわれのところに呼び寄せ、こうした骨の折れる仕事を背負ってもらいたいのである(4)。

このように労働者に語りかけた者は、これまでのNWO運動の中にはいなかった。だが、ブリューメンタールは労働者におもねることはなかった。むしろ彼は、労働者がシュナップスの飲酒に甘んじ、自らの人間性を僅かな代償で売り渡していることにはもとより、彼らが間違った指導者に盲目的に従い、国家が提供する社会福祉に殺到することを非難した。つまり彼は、労働者が「労働者」であることを廃棄したかったのである。かくして彼は、労働者自身が「プロレタリア的生活が永遠に続く単調さの中で」その生活に長いこと我慢できなくなるということに期待したのであった。けれども彼は、他方では「労働者の」大多数がブリューメンタールやゲゼルに反対することをも予想していたのである。

それゆえに、ブリューメンタールは、マルクス主義が根付いている労働者の思想的習慣を次のように攻撃した。「彼らの労働組合のストライキ戦術は、資本主義を労働と資本の大海の中で溺死させることの代わりに、資本を強化させるものになる。したがって、労働ストライキに代わって、貨幣ストライキがなされるべきである。つまり、貨幣ストライキを通常の貨幣よりもより急速に流通する紙幣と結び付けるならば、この貨幣ストライキは、数年後には『金の子牛』［レントナー］を破滅させることができるだろう」、と。

以上の主張に基づいて、ブリューメンタールは労働者の前で二つの要求を掲げた。

① すべての者に土地を与えよ。（これは、「各人に全地球を」というゲゼルの要求とは異なっている。）
② すべての者に労働全収益を保証せよ。

だが、革命の混乱期にあった一九一九年に、ブリューメンタールはゲゼルの助言に背き、全面的な改革案、すなわちあらゆる資産の完全な合一とその新分配を提案したのである。

他方で、ブリューメンタールは、すべてのゲゼル支持者を統一的な自由経済同盟 Freiwirtschaftsbund: FWB に統合する試みを支持したが、彼自身は、一九二四年一月に結成されたフィジオクラート闘争同盟 Fisiokratischer Kampfbund: FKB に参加し、その基本綱領の作成に関与したのであった。その綱領の中で、彼は「自由経済はフィジオクラティーにとっては目的実現のための手段にすぎず、自己目的にしてはならない。すべての自由経済主義者は、フィジオクラートという出発点に立ち返るべきである」と書いたのであった。

けれども、すべての自由経済主義者がフィジオクラートに立ち返ることはなかった。かくてブリューメンタールは自由経済主義者に失望することになった。こうした失望感が彼の最後の著書『個体性と全体性』（一九二五年）には滲んでいるといってよいだろう。彼はその著書で次のように言う。「歴史は娼婦であり、博愛はフレーズでしかない。そして公正さは妄想であり、全般的自然法則は究極の残忍さである」、と。その著書を読んだ多くの人々は、次のように自問した。「ブリューメンタールの言う通りであるならば、フィジオクラートが目標とする社会秩序は資本主義といかに区別されるのだろうか」、と。だが、ブリューメンタールが生涯にわたる著作活動の中で労働者に明らかにしようとしたのは、「もっとも重要な所有は、諸君の人格とその特性である」ということだった。たとえば、彼の著書『貨幣支配と利子支配からの解放』（一九一七年）は、ＮＷＯ運動にとっては、エンゲルスの『反デューリング論』が共産主義者や社会主義者にとって果したの同じ意義を果すものであった。ブリューメンタールの大きな業績は、すでにアルフレッド・バーダー Alfred Bader が述べたように、ゲゼルのイデーを小さな密教的サークルから批判的公衆という太陽の真っ直中へと移し変えたことである、と。

ゲオルク・ブリューメンタールは一九二九年六月二七日に死去した。弔辞を読んだのは、ゲゼルであった。

2　パウルス・クリューフェルと世界的活動

パウルス・クリューフェル Paulus Klüpfel は、一八七六年九月二七日に誕生した。彼は貧しい家庭の子供としてきわめて質朴な環境の中で成長したけれども、特別な援助を受けて大学に進学し、地方司祭になることができた。だが、若い女性教師との恋愛の失敗は、彼を神秘主義的認識に向かわせる契機となった。それ以降彼は、森羅万象を宇宙論的神秘主義として知覚するようになったのである。彼は言う。「『世界は（なお）神の作品ではない……。』世界はその当初においては神として崇拝されねばならないけれども、世界の最下層はその最上層のエマナチオン〔放射〕の必要性にしたがって構築されるべきである。つまり、われわれは、自らを手探りで探す神の指先なのである。かくして、神は、人間が信仰によって神に至るように、人間によってだけ自らに至るのである」、と。

だが、パウルス・クリューフェルは、その他の神秘主義者とは異なって、自らの内面的世界にとどまることはなかった。彼にとって自らの健康以上に重要なのは、人々の絶望と貧困であった。彼は言う。「『窮乏だけがさらに大きな全体に導く』が、この窮乏もまた創造者からもぎ取られたものである」、と。かくしてクリューフェルは、自らの任務を次の点に、すなわち世界の神格化並びに社会問題の根本的な解決に寄与する点に見いだしたのである。つまり彼は、社会制度を硬直化させてしまった要素を再び柔軟なものにしつつ、新たな社会制度を形成すること、こうしたことのために、社会技術を発展させることを望んだのであった。

だが、彼は次のようにも言う。「多数の人間たちが、今や早急に最低限の暖かい援助を必要としている。そこでは、［人間間の］相互扶助同盟が、神と人間の間の古い同盟に取って代わることになるだろう」、と。

一九一五年の中葉頃に、パウルス・クリューフェルは彼の友人たち、とりわけ多数の女性たちを中心として、ベルリン・シュテグリッツを本拠とした自由地 - 自由貨幣同盟 Freiland-Freigeld-Bund: FFB を設立した。この同盟規約の第一条によれば、この同盟は「文化の向上とその完全な発展は、あらゆる経済的障害物が除去された場合にだけ可能となるにすぎないという認識に基づいて、あらゆる不労所得の廃絶による完全な自由経済」を志向するものであった。

だが、クリューフェルの場合、特徴的なことは、彼が文化的観点を経済的観点よりも上位に置いていることであった。彼は言う。「全文化を新しくすること、それがわれわれの終局目標である。」なぜなら、そこからしか経済を改造することができないからである。またその際には女性の存在への畏敬の念も必要になる。なぜなら、「男性が自然を支配するように、女性は生命を支配するからである」、と。クリューフェルは、ゲゼルとは違い、未来は自由恋愛になるのではなく、一夫一妻制度になるという見解であった。かくしてクリューフェルは「自由地と自由貨幣の基礎の上に結婚制度が初めて本格的に全面開花する」、と述べた。

またクリューフェルはこのようなゲゼルのパートナーシップの思想を、国際的次元に転移させた。彼はそのことを次のように主張する。「自然的経済秩序は、一定の改革だけに依存するものではない。それには、アジアとヨーロッパの協働もまた必要になる。『一方には活動が不足しており、他方には合法性が不足している。つまり、アジアは世界計画の栄光に必要な世界的活動を忘れている。それに対し、ヨーロッパは、粘土という建設素材に関する永遠の法案を忘れている。』(5) したがって、神の世界計画と人間の世界的活動がもたらされた場合に、その仕事は初めて成功することになるだろう。その時、アジアは内省的活動に、そしてヨーロッパは積極的な改革にそれぞれ寄与することができるだろう」、と。クリューフェルの場合、ここでも女性の原理と男性の原理が出会うことになるのである。

クリューフェルは言う。「経済をそれ自身に固有な法則に任す場合には、『経済はその内部で自由になる。』それゆえに、『自由経済』（この『自由経済』という概念を初めて使用したのは、自由貨幣という概念と同様にクリューフェルであった）は『導入される』のではなく、『放出される』、つまり国家と産業独占体から解放されるにすぎないのである。したがって、なによりもまず必要なことは、経済を新しく創造される全体文化の部分的領域として把握して、そこから搾取という要素を取り除くことである」、と。

クリューフェルは、資本主義を「分業の下にある交換手段としての貨幣の増殖」と把握した。その際、彼にとってエゴイズムは、経済的推進力のひとつになりうるのかもしれない。だが、彼によれば、エゴイズムを自由経済の推進力と見なす者たちは、もはや人々が全般的に関係してはならないような古い全体文化に首までつかっている者たちなのである。経済改革が意義をもつとすれば、その改革が全体生活を再び均衡化させる新しい文化から始まる場合だけなのである。したがって、クリューフェルは、自由経済実現の条件はすでにリベラリズムによって充足されているというゲゼルの主張を誤りと見なしたのであった。つまり、クリューフェルは利他主義者なのであった。人間は全体の意志によって成長し、その一部として活動する。この利己心という意味でのエゴイズムは、「陶酔という喜びに害を与えるものでしかない」というのが、クリューフェルの立場なのである。

同じくパウルス・クリューフェルは、ドイツの将来を予感し、遺伝理論と反セム主義の相互問題にも取り組むことになった。彼は言う。「遺伝は人格的現象ではない。病原体だけが遺伝するにすぎない。『あらゆる遺伝的メルクマールの統一体としての人種は存在していない。』けれども、青年たちは民族性に刻印されている。またユダヤ人は、ドイツ人にとって曖昧模糊となっていた多くのものを明確にさせてくれる。その意味で『ユダヤ人は、われわれにとっての発酵素であり、われわれの鈍感さに必要なものである。だが、そのような人々は好かれることがない。(6)』しかし、こうしたユダヤ人がドイツから追放されてしまうならば、われわれは熟成の可能性自体を奪われることになってしまうだろう」、と。

パウルス・クリューフェルは、多数の問題を論じたが、いずれも彼の結論は「貨幣は羽目を外している」ということだった。創造という枠内に彼が挿入したものは、世界の神格化に寄与するものだったのかもしれない。いずれにしても、パウルス・クリューフェルは、「自然的経済秩序の神学」を起草したいと考えていたのであった。それでも、彼は教会から完全に離れることはなかった。また彼は、一九一六年に社会主義を「強制的な経済システム」として拒否したけれども、その二年後には社会主義を「意識的かつ望まれている人間の共生秩序」として好意的に理解したのである。その意味でクリューフェルは、自由経済派の「アッシジのフランチェスコ」だったといえるのかもしれない。後のNWO運動のキリスト教的傾向はこうした彼の立場を継承したものであっただろう。しかし、クリューフェルは、なによりもまずフィジオクラート派とは一線を画した自由経済派の潮流の源流に位置するばかりか、それは持続されなかったにせよ、自由経済派の思想をきわめて高度な水準に引き上げた人物でもあった。彼は言う。

フィジオクラート派は基礎的問題を見逃し、純粋な経済の場合にだけ妥当するものを性急に所与の現実の経済にも妥当すると述べているのである。(7)また、これらの中には多くの隠された暴力が挿入されているといってよい。したがって、これらの中には自己調節としての自由競争はなお存在していないのである。われわれが自分のために解放するものは、最初からたえず自分の中に存在していなければならないし、最初から自由になる力をもっていなければならないのである。つまり、今日の経済的自由は、動物の自由である。その他の人々との闘争としての「生存競争」もまた、経済原理ではなく、経済の外部から持ち込まれたものなのである。それに対し、自然的経済秩序はあらゆる法則性を基礎とするものである。その問題は、あらゆるカオス的なものがその必要性から形態になること、つまり宇宙になることを意味しているのである。つまり、人間の世界的活動によって初めて世界は、そこに隠されているイデーを表明できるようになるということなのである。

パウルス・クリューフェルは、戦争を終結させるためのハンガー・ストを行ったが、栄養不足のために結核になってしまった。そのために彼は、一九一八年七月二九日にベルリンの病院で死去した。ちなみに、彼はそれまでに文通を行っていたラーテナウ Rathenau と自由経済についての討論を行う約束をしていたが[8]、死去のためにその約束が果たされることはなかった。

クリューフェルが設立した自由地-自由貨幣同盟には、とりわけヴィルヘルム・ベックマン Wilhelm Beckmann、フライデレェアー博士 Dr.Pfleiderer、鉱山支配人ヴァイスレーダー Weissleder などが加入した。またフィジオクラート連合からはオットー・マースその他の人々が移ってきた。この同盟は、地域グループを設立するために、当初は重要な文献を討議する読書会の夕べの開催などを推奨したが、その際にパウルス・クリューフェルが選んだ文献は薄い小冊子だけだったということも印象的である。また一〇年もの長きにわたって行方不明だった彼の遺稿は、彼がＮＷＯ運動にいかに強い影響力をもっていたのかということを示してくれるだろう。

3　ヴェルナー・ツィンマーマンと生活改善運動

ヴェルナー・ツィンマーマン Werner Zimmermann はスイスの若き教師であり、その国の学校改革論者中の熱血漢であった。彼は、単なる不平家や俗物的な改革論者に抵抗し、若い人々が教育という強制的コルセットを付けずに、自己成長を遂げ、その完成に至るような解放教育を支持したのであった。しかるに、そのような自由な教育は、人類の社会的解放の実現を前提としているように彼には思われたのである。

一九一八年の末頃、スイスでは三日間にわたるゼネストが発生した。その時、ヴェルナー・ツィンマーマンは、ベルンでデモを行う労働者大衆のゆっくりとだが、着実に歩む足音を聞いたのであった。それと同時に彼は、革命の嵐の到来をも聞いたのである。このような時代の波も、一連の世界変革計画の思想とその構造を具体化しようとする運動ではないかと、ツィンマーマンは理解したのである。したがって、こうした新しい思想、すなわち人間の進化における新しい局面の思想は、彼にとって社会主義と呼ばれるものであった。では、社会主義は何を望み、何を求めているのだろうか。著しく矛盾した観念や概念が渦巻く中で、ヴェルナー・ツィンマーマンは、自然という静かな井戸から、社会主義の目標は本来人格の完成という意味での人間の形成にあるというイデーを作り出したのであった。一九一九年に彼は、『自由の中の社会主義 Sozialismus in Freiheit』という小冊子を公刊し、その著書の中で次のように述べている。

われわれが認識するあらゆる生命現象の中には、自己保存と種保存という二つの基本的傾向が現われている。個体的存在としてのわれわれは、……自らをひとつの人格として、つまりこの世には二度とは登場できない私として感じる。……だが、われわれは、全人民の一分岐でもある。つまり、われわれの魂は、他人の魂を希求する存在でもあるということにほかならない。

あらゆる創造は自己保存だけではできない。こうした自己保存の上に、それに見合った別のイデーが登場する。このイデーはあらゆる存在の向上を志向し、形成途上の人間存在を高めるものになる。そしてこのイデーによる世界変革計画が、これまで怠惰であった自己保存本能を劇的飛躍を行う二つの本能に、すなわち自己飛躍本能と種飛躍本能に転換させる。かくして個人主義は、個体的存在の完成への志向であり、それは自己飛躍本能になる。

それに対し、社会主義は種としての人民全体の完成への志向であり、それは種飛躍本能になる。(9)

ツィンマーマンによれば、私と我々は対立するものではなく、人間の本性の二つの側面であるのと同様に、個人主義と社会主義もまた相互に関連するものなのである。なぜなら、人民全体の完成は、「個人主義的発展という目的の追求が妨害されることなく遂行できる場合にだけ、……つまり一人の人間の発展が他者の退化を意味しない場合にだけ」、達成されるにすぎないからなのである。

ヴェルナー・ツィンマーマンはゲゼルと知り合い、彼と個人的に語り合った。そして彼は、スイス自由地‐自由貨幣同盟 Schweizer Freiland-Freigeld-Bund: SFFB の創設メンバーのひとりになったけれども、ゲゼルの経済理論を越えた思索を行っている。たとえば、「われわれの社会変革にとって貨幣改革と土地改革以上の改革が問題にならないだろうか」、と。彼にとってこの問いは、もちろん不可欠なことに思われたのであった。彼は言う。「アルコール依存症を含むあらゆる害毒は、資本主義というひとつの根源の発露にすぎない。労働人民は屈伏させられ、搾取されている。けれども、銀行に貯蓄をもち、利子、すなわち不労所得を得ている工場労働者も、資本家ではないのだろうか。また利子や地代の他に、搾取の第三の形態は存在していないのだろうか。たとえば、不法な価格吊り上げによる投機利潤などはそれに当たらないだろうか。そして労働者とレントナーの対立的性格は、中間層を合一させるものとならないだろうか」、と。

ツィンマーマンによれば、純然たる個人的エゴイズムという自己保存本能は、すでに労働全収益ということを要求しているが、その要求は資本の社会化や資本の破壊によっては達成できない。彼は、この二つの誤った解決策に対して自治主義的解決策を対置する。——この点で、彼はゲゼルに相当大きな影響を与えていたと思われる。——彼は言う。「『自治主義は、社会国家の対局にある。それは完全にすべての人間的法則が排除され、あらゆる事物に内在する自然的（神的）法則だけが作用するとともに、もはや歪曲されることがないという意味での無法則性の状態が支配することを意味する。つまり自立性と無支配性がそれである。』この場合の自治主義者とは、自己実現という意味でのエゴイストであり、シュティルナー Stirner が言うような『唯一者』のことであるけれども、同時に彼は、人類と人民全体の完成を求めるという意味での社会主義者でもなければならない」、と。

一九二〇年にツィンマーマンは、世界旅行に旅立ち、その途中でマハトマ・ガンディ Mahatoma Gandhi の友情を得る一方で、他方では道教の神秘的世界をも体験した。こうした世界旅行の体験を書いた彼の二つの著書『世界の放浪者』と『光明』は、とりわけ青年たちの飢えた、脈打つ心をとらえるものとなった。そして今やツィンマーマンは、生活改善イデーの担い手のひとりにもなった。その結果として、ツィンマーマンは、ワンダーホーゲル運動とはもとより、フィジオクラティーともきわめて緊密に結び付くこととなったのである。

ツィンマーマンは、生活改善ということを「人間生活の包括的な新形成」と理解し、あらゆる領域での人間生活の解放はその領域独自の法則にしたがうと主張した。他方、ツィンマーマンは、セクシアリズムの新しい基準、すなわち婚前交渉を支持し、この婚前交渉を情欲の自由と結び付ける勇気を持っていた。また彼は、エコロジカルな野菜栽培を支持した最初の人間でもあった。

生活改善という要求は、ツィンマーマンにとっては、フィジオクラート派の政策に含まれるものであったが、それは全面的に重なるべきものではなく、道具という部分的な領域に限定されるべきであった。彼は言う。「生活改善運動は、内的成長段階では何の要求もしてはならない。その任務は、フィジオクラート派の政策が交換手段と土地規制という道具を完成させるのを助けると同時に、その改造への意志を覚醒させることを通して人間間の関係を健全化させることにある。政治は意識的な合理主義的行為を必要とし、それに対し新しい生活改善は「自発的な活動」を必要とする」[10]、と。

すでに一九二〇年のスイス国民議会選挙の際に、ヴェルナー・ツィンマーマンは、NWO運動支持の移動演説者として活動したが、後にドイツでもそのような活動をした。そして彼は、ドイツに演説者養成学校を設立し、一週間かけて公的行事の際に演説する者を鍛えたのであった。

ツィンマーマンは、繰り返し権威と自由について次のように語った。権威は、通例外部から人間に接近し、人間をなにほどか強制しようとする。また人間は、自らの内部に権威を確立することもできる。たとえば、人間がイデーに夢中になって、そのイデーに盲目的にしたがうような場合が、そうである。それに対し、人間の自由は、良い道であっても、また悪い道であっても自らの道を切り開くための根源的力になる。しかるに自由な人間は「いかなる自由も要求せずに、簡素に生活する。」そうするためには、本能が抑圧されてもならず、また過度に本能が刺激されてもならない。もし本能が過度に刺激された場合には、本能は内的調和に戻らなければならない。他方、「自由は、こうした抑圧の克服を必要とする。[11]」こうした抑圧を克服した場合、本能はわれわれの存在の一部になるとともに、実際に泉のごとく流れ出すけれども、過剰には流れ出すことはないだろう」、と。

ヴェルナー・ツィンマーマンが行ったあらゆる講演は、明晰な分析と激励を含むものだった。彼はいつも聴衆を励ました。こうした彼の周囲には新鮮な自由の精神が溢れていたといってよいだろう。また彼が自ら手本を示したことも、そのことに寄与したのであった。

だが、彼はＮＷＯの若き革命家たちには受容されなかった。というのも、彼は彼らとの討論では次のように述べたからである。「満足のいく生活を送るには『非科学的なもの』がおそらく必要になるだろう」、と。それに対し、ＮＷＯの若き革命家たちのほとんどは、まさしく科学的なイデオロギーを望んでいたのである。

一九三四年一〇月、つまりドイツにナチズムという暗闇が訪れた時期に、ヴェルナー・ツィンマーマンはパウル・エンツ Paul Enz と協力してスイスで経済リンク（ＷＩＲ）という自助イニシアチブになると同時に、自由な社会主義の実践形態になるべきものを設立した。このように彼は高齢になっても求道者のままだった。彼は東方の知性をヨーロッパにもたらすと同時に、キリスト教の神秘家マイスター・エッケハルト Meister Eckehart をアジアに広めたのである。以上のようなヴェルナー・ツィンマーマンについては次のようにまとめられるだろう。ヴェルナー・ツィンマーマンはＮＷＯ運動における国際的精神とあらゆる面における創造的精神の持ち主であったばかりか、ＮＷＯ運動の限界をしばしば越えることのできた人物でもあった、と。

原注

（1）Gesell/Frankfurth, Aktive Währungspolitik, Erfurt 1921, S. 4

（2）siehe das Blumenthal-Portrait des Verfassers,, Sozialisierung oder Personalisierung" in: Zeiteschrift für Sozialökonomie Folge 76 (1988), S 24-32; Folge 77 (1988), S 23-26 und Folge 79 (1988), S. 23-28

（3）Georg Blumenthals Brief vom 3.11.1913 an Alfred Bader

（4）G. Blumenthal, Neue revolutionäre Taktik, Erfurt 1929, S.7/8

（5）Vorwort zur 2. NWO-Auflage, S. 23

（6）Innen ist der unendliche Wille der Welt. Die Aufzeichnungen des Paulus Klüpfel, vorgelegt von Hans Vogt, Erlau/Passau 1967, S. 82. Vgl. auch das Klüpfel-Portrait des Verfassers,,Freiwirtschaft als innere und äußere Weltaufgabe" in: Zeitschrift für Sozialökonomie Folge 87 (1900), S. 3-12

（7）Klüpfels Vorwort zur 2. NWO-Auflage, S. 21/22

（8）Freiwirtschaftliches Archiv Nr. 9-12/1928

（9）Werner Zimmermann, Sozialismus in Freiheit, Bern 1919, S. 8

（10）Der Ring, Heft 2, November 1925

（11）Werner Zimmermann, Freiheit und Autorität, in: Die Neue Zeit Okt. 24.

第三章　ＮＷＯ運動の誕生とゲゼルの立場

すでに言及したように、ゲオルク・ブリューメンタール Georg Blumenthal はフィジオクラート連合を、そしてパウルス・クリューフェル Paulus Klüpfel は自由地‐自由貨幣同盟を、それぞれ設立した。けれども、これらの組織はすぐに座礁してしまうか、ドイツ革命という荒れ狂う大海原――その最初の荒波は一九一六年に押し寄せていたのであったが――の中を漂ってしまうかのどちらかであった。そのため、これらの組織からはもとより、「ＮＷＯ運動の」その他の支持グループの周囲にも、いかなる運動も形成されることがなかったのである。

シルビオ・ゲゼル Silvio Gesell は種を蒔き、その種が戦争や社会状況の先鋭化などによって発芽することを期待したのであった。このような期待を実現するために、彼は、聴衆の人数がどれほど少数であろうとも、たえず可能になるところで公開講演を行ったのである。たとえば、一九一一年にベルリンで開催された国民食料会議の際に彼が行った公開講演も、そのような講演のひとつであった。

この会議の参加者にとって、ゲゼルはまったくの未知の人物であった。そのため、このゲゼルの公開講演を聞くためにこの会議場の隣にある部屋に集まった人数は、わずか一二‐一五人にすぎなかった。それでも、司会のグスタフ・ジモンズ Gustav Simons は、「貨幣についての新しい理解」というタイトルのゲゼルの公開講演の開始を告げたのであった。その時の傍聴者のひとりは、このゲゼルの公開講演を次のように報告している。「このゲゼルの講演は最初のうちは、『支払手段としての貨幣』といったようなきわめて「抽象的かつ」無味乾燥な内容のものでしかなかった。だが、ゲゼルが統計を取り出して説明するや、『新しい思想世界がわれわれに迫ってきたのである。』『まさにこの男は、実際に全貨幣制度の転覆を企図しているのだ』」、と。他の傍聴者も次のように述懐している。「彼は利子の廃絶を望んでいるのだ」、と。そのような思想は、傍聴者たちにとってはすぐには信じがたい思想であった。というのも、かつてそのような思想をだれからも聞いたことがなかったし、そのような大胆不敵な思想をだれも考えたことがなかったからである。つまり、彼の講演内容は、その「抽象的かつ」無味乾燥なテーマとはまったく正反対のものだったのである。

このゲゼルの講演が終わるや、暫くの間そこには死のような静寂が支配した。演壇から離れた場所でメモをずっと取り続けていたある男の表情が青ざめていたのに対し、ある娘の胸は波立っていた。それから彼女は次のように呟いたのである。「分かったわ、私は理解しました」、と。

司会のグスタフ・ジモンズは、傍聴者たちにこのゲゼルの講演についての意見表明を求めた。その時、元気のよい若い男が立ち上がり、次のように述べたのであった。「われわれの腐敗した貨幣制度の改善のために、私は、われわれが全員一致でシルビオ・ゲゼルをわが国の金融大臣に選出すべきことを提案いたします[1]」、と。

この発言にほとんどすべての人が笑ったけれども、この若い男とグスタフ・ジモンズだけは笑わなかった。（ジモンズは強張った表情をしながらこの元気のよい若い男を吟味するように見た。）だが、傍聴者たちは、この元気のよい若い男の発言に同意できると感じたし、またシルビオ・ゲゼルもそのように感じたので、皆と一緒に笑ったのである。こうしてゲゼルは、この公開講演を行うことで少数の傍聴者から二人の若者を獲得したのであった。

司会のグスタフ・ジモンズは、すでに二つの雑誌においてゲゼルの新貨幣学説を支持する旨を次のように表明していた。「このゲゼルの新貨幣学説は、今日の社会にとって有害となっている国民経済から社会的に有益である国民経済を作るものになるだろう」、と。こうしたジモンズの見解をすぐに熱狂的に支持したのは、エルンスト・フンケル博士 Dr.Ernsr Hunkel であった。彼はドイツ修道会の事務長をしながら、ヘッセンのゾントラに（定住）自由地ドンネルスハークを創設することで、言葉と行為の両方を通じてゲゼルのイデーを国民大衆の中に持ち込んだのである。

こうした人々が作り出した火種は、左右両翼の人々の中に伝播することで、ますます多くのグループの人々に伝播することになったのである。とりわけ左翼の人々への伝播に大きな役割を果たしたのは、幾夜にもわたる論争のなかで多数のアナーキストやサンジカリストたちを説得できたゲオルク・ブリューメンタールだった。

けれども、ゲゼルはどのような最良の理論も、その背後に何んらかの社会的権力をもたなければ有効なものになることができないということを知っていた。こうした認識が、労働者と兵士のもとでのゲゼルの政治的行動をその他のゲゼリアンのそれとは異なったものにしたのであった。たとえば、ゲゼルは次のように考えた。「今や、大多数の労働者も戦場に駆り出され、第一次世界大戦の様々な前線にいる。彼らにどうしたら接触できるのだろうか」、と。

かくしてゲゼルは、多数の戦場ビラを作成し、それを前線の兵士たちのところに届けることを決意したのであった。それでも、彼がパウルス・クリューフェルと一緒に最初の戦場ビラを起草した一九一五年の段階では、この戦場ビラを内密に兵士たちのところに届けるには、なお愛国的なトーンを必要としていた。というのも、一九一五年の段階では、兵士たちの多くがなお彼らの父祖と子供たちの祖国のために闘っていると信じていたからである。このような信仰がなお支配する中で、ゲゼルとクリューフェルは、こうした仕事に着手したのであった。彼らは、まず土地に対する普遍的人権を次のように宣言した。「人権は永遠に至高なものである。だが、わが国民はなお自由な成長を遂げていない。というのも、『われわれは子供時代から領主と隷属民のもとで大きくなってきたからである。その結果、労働は国民的に編成されているのに、その所有は破壊されている。』このように隷属民化された国民と土地とは、自由地によってだけ救出されうるにすぎない」、と。

さらに彼らは、「権力」についても次のように述べた。

権力そのものは良きものであり、全能は遺産である。過剰権力 Übermacht だけが馬鹿げている。というのも、過剰権力は無力を生み出すからである。したがって、すべての人間が権力をもつべきである。一度権力がすべての者の手中に握られれば、過剰権力は隅に追いやられるだろう。というのも、過剰権力というものは、その他の多くの人々の弱さから強力になったにすぎないからである。それゆえに、われわれは外的権力手段をすべての者に分配することで、この過剰権力的手段を破壊しなければならない。しかるに、この破壊すべき外的過剰権力的手段とは、資本利子と私的土地所有のことなのである。(2)

こう述べた後に、さらに彼らは次のように続けた。「われわれにとって好ましいものは自由だけであり、またわれわれにとって良きものは自由だけである」、と。そして一九一五年の聖霊降臨祭の日に配付されたビラには、予言者のような力強く情熱的な言葉で次のことが書かれていた。「すべての者に自らの労働収益を」、と。

一九一五年五月、ゲゼルとクリューフェルは、一九一一年以来オラニエンベルク・エデンの地を本拠としていたドイツ自由地同盟 Deutsche Verein Freiland に加入した。この同盟の目標は、土地の購入とその自由な利用、とりわけ土地を国民個々人の所有にではなく、ドイツ国民全体の所有にするということにあった。かくして、同盟の会費の二〇%が土地購入資金に回され、残りの八〇%が自由地基金に回されることになった。その際、終身会員は一度に一〇〇帝国マルクを支払ってもよかったし、無抵当の土地を同盟に譲渡してもよかった。こうした事態に鑑みて、同盟規約の第六条が制定されたが、それはある程度の成果をあげることができたのである。

今や、最初の戦場ビラが出回り始めるや、兄弟と呼び掛けられた兵士たちはこのビラを読むようになり、自由地が自分たちのものであると感じるようになった。その戦場ビラは言う。「われわれが自由地という希望の火を心にともすようになるや否や、われわれは無敵となるだろう。だが、もしそうすることができないならば、ドイツは戦争に敗北するだろう」、と。

さらに戦場ビラは言う。

汝たちは良き信念をもって戦場に向かえ。われわれは汝たちの信念を現実のものとする。つまり、汝たちの救済者は汝たちの土地を解放し、自由地にする。

第一次世界大戦後、ドイツ自由地同盟は常設的組織となり、一九一九年二月一二日に、ヴァイマール国民議会に対して新憲法の中に「ドイツのすべての土地を原則的にドイツ国民の共同所有に転換させるべきである」という一文を挿入するよう請願した。というのも、彼らによれば「ドイツのあらゆる土地をいかなる投機もなされることがない自由な永代借地にすることだけが、破壊されたドイツ経済の再建のための堅固な基礎を作り出すことになる」からである、と。この請願書には、オットー・ヤキィシュ Otto Jackisch、カール・バルテス Karl Bartes、リヒャルド・ブレック博士 Dr.Richard Bloeck――彼らは当時ドイツ自由地同盟の三人の幹部会員であった――の署名が添えられていた。

大戦期間中に、シルビオ・ゲゼルはスイスでも多数の人々の支持を獲得した。その中でもとくに重要な人物は、著名な医者のテオフィール・クリステン博士 Dr.Theophil Christen――彼は、一九一五年に租税改革と土地改革同盟 Verein für Steuer-und Bodenreform のベルン大会で発言した――であった。クリステン博士は、社会問題を性的問題の一部と見なす観点をとっていたにせよ[3]、彼は、ゲゼルの理論に「科学的装飾」を取り付けるのに適切な人物であると思われていた。事実、彼はまもなく貨幣の購買力に関する小冊子を起草し、その中でゲゼル理論の科学的かつ数学的定式化を初めて行ったのである。

さらにゲゼルは、ベルン大学上級ゼミナール主任のエルンスト・シュナイダー Ernst Schneider やスイス保険局副局長であると同時に租税改革と土地改革同盟の指導的メンバーのひとりであったフリッツ・トレフツァー Fritz Trefzer たちの説得にも成功したのであった。ゲゼルは、巧みな演説家というよりもむしろ下手な演説家の部類に属していたといってよい。それにもかかわらず、彼は、知識人を掴み魅了する並外れた雄弁さを発揮したのである。

ゲゼルは強い人間であり、他人を感化させる強い影響力を持っていた。したがって、彼は、実業界で成功をおさめた高潔な人間たちをも魅了したのである。たとえば、フリードリヒ・ザルツマン Friedrich Salzmann は、彼の両親の家でゲゼルと知り合いになったが、その際、彼は次のような幾分なりとも特有な出来事を体験したのであった。

知識や行動力の点で私よりもはるかに優れた男たちが、ゲゼルの前できわめて多種多様な問題に関する自己の意見を披瀝したが、それは、彼らがゲゼルを当然のごとくレフェリーをしていると考えていたからであった。私は、彼が簡潔かつゆっくりと語る定理によって事態を説明するのをたえず聞くことになったのである。その際、私が多くのことを学んだ同じ男たちが、ここでは控え目な生徒になっていた。そう私には見えたのである。(4)

ゲゼルは、形式ばった付き合い方をまったくしなかった。彼自身はひとりの自然人として自らにとって価値があり、重要であると思われる人物、たとえば散歩の際に彼に歴史における貨幣の役割に取り組むような刺激を与えてくれたフリッツ・シュヴァルツ Fritz Schwarz(5) のような人物とは率直な態度で付き合った。一言で言えば、ゲゼルはアメリカの大地やアルゼンチンのパンパのような心の広い性格の人物だった。つまり彼は、人間関係においても狭いヨーロッパ的基準を広いラテンアメリカ的基準に変えたのだった。そのことが、彼の演説や態度の中に特別な香りを与え、了簡の狭さから生れるような疑念を吹きとばす作用をしたのである。

ゲゼルは、自らのイデーをひとつの「力の渦」、すなわちますます多くの人間たちを巻き込みつつ、最終的には「根底的な」改革によって歴史を作り出そうとするひとつの「力の渦」、と見なした。こうした彼のイデーが最大の反響を呼び起こしたのは、ドイツにおいてであった。たとえば、シュテティンからはハンス・ティム Hans Timm が、エルフルトからはオットー・マース Otto Maass が、ハンブルクからはフリードリヒ・バルテルス Friedrich Bartels が、グライフスヴァルトからはカール・ポレンスケ Karl Polenske が、ジーベンブュルゲンからはパウル・クレム Paul Klemm が、ゲゼルの仲間に加わった。このようなシュティルナー主義者たちの合流に尽力したのは、ロルフ・エンゲルト Rolf Engert であった。彼は、新しいフィジオクラティーの永眠は「この世の没落と同義である」[6]という彼の脅迫観念をゲゼルに伝えたのであった。それに対し、シルビオ・ゲゼルはクレムの招待に応じるかたちで、ハンス・ティム——彼は、当時ゲゼルのもっとも有能な弟子のひとりと見なされていた——を伴ってジーベンブュルゲンへの旅をした。そしてその地での多くの催しにおいて、彼は「私はこれらの催しを通じても労働組合をほとんど説得できないでいる」と語ったのである。

それでも、無名の人々の中からひとりの青白き若い男が登場してきた。マルティン・ホフマン Martin Hoffmann である。彼は神学を勉強していたが、プロレタリアートの貧困を知ってからは、ギリシア人のディオゲネス Diogenes のように自発的に貧困の中で暮らした。一九二〇年九月二四日に彼は、ゲオルク・ブリューメンタールに宛てて次のように書いた。「自分は金銭的理由から『フィジオクラート』の定期予約購読者になることができないでいる」、と。すでに翌年には、彼は「ブルジョア新聞におけるわれわれの運動への原理的攻撃に適切に反論する用意がある」[7]と説明するまでになっていたのである。彼によれば、この問題の核心となるのは、搾取者と被搾取者の間を明確に区別することにある、と。

それからまもなく、最初の自由経済同盟と呼ばれた組織とは異なった組織が形成された。この若い運動は、すでにその生成局面で分解してしまうかのように思われた。クリステン博士——彼は、すでに一九一八年八月にブリューメンタールとの合同を受諾していたのであった——もまた、そのような分解を恐れていたのである。それでもなお彼は、国民主義派と国際主義派の両者がゲゼルの思想をともに指針としているかぎり、両者相互の歩み寄りは可能であると考えていたのである。その際に、クリステン博士は、両者を歩み寄らせることのできるパウルス・クリューフェルが余りにも早く死去してしまったことをきわめて残念なことと思ったのである。そのことをクリステン博士は次のように述べている。

われわれは、クリューフェルのような哲学的思考をもってゲゼルの学説を世界観にまで体系化できる者をもはやひとりとしてもっていないのである。(8)

実際、クリステン博士が言うように、パウルス・クリューフェルは、初期ゲゼリアンの中のたったひとつの哲学的頭脳だった。だが、そうした彼も、その後のゲゼリアンによって忘れ去られた存在となってしまった。このクリューフェルを高く評価していたクリステン博士すらも、その相対的意味においてであるけれども、クリューフェルの科学者としての固有な限界を認めていたのである。だが、クリューフェルが、NWO運動のためにきわめて多大な貢献をしたということ、そのことは、彼とゲオルク・ブリューメンタールとの往復書簡――それはその後行方不明になり、一九九〇年八月に初めて再発見されたのであるが――からも明らかとなるだろう。たとえば、一九一八年末と一九一九年にクリューフェルは、この回状を受け取ったすべての者は添付された論稿を読み、他の人々にも伝えるべきであるとする回状を出したのである。このようにしてクリューフェルは、きわめて活動的なゲゼリアンの間に創造的な紐帯を作り上げようとしたのであった。その際、クリューフェルはブリューメンタールを激しく叱責した。というのも、ブリューメンタールがクリューフェルの最初の論稿をもう一度流布させたからであった。そのことをクリューフェルは次のように述べている。

ブリューメンタールがいかなる自由な意見も認めずに、自らの立場を固執しようとするかぎり、事態は悪化の一途を辿ってしまうだろう。

けれども、ブリューメンタールは自らの出版社において国際主義的思想を主張することで、ミミール出版社に国民主義的かつ民族主義的な思想を委ねることができたのである。それに対し、クリステン博士は言う。「民族主義的グループは大きなグループを形成している。それゆえに、われわれは彼らの中でも宣伝活動を行わなければならない[9]」、と。「またゲゼリアンは、ユダヤ人をユダヤ人として、ギリシア人をギリシア人として扱った使徒パウロ Paulus のように振る舞うべきである。回状関係者のもとでは、『おそらくすでに改宗していたシェル Schöll 氏の場合を例外とすれば[10]』、綱領の緩和化といったようなことは問題になることがない」、と。

クリステン博士の所見するところによれば、［NWO運動の内部には］同一の目標を目指しながらも、異なった方法をとる多数のグループが形成されたのであった。クリステン博士個人としては、「あらゆる活動の可能性を利用するために」ベルリンではフィジオクラート連合にはもとより自由地‐自由貨幣同盟にも加入することを望んだのであった。彼は次のように述べている。「私はミュンヘンでは、当初は自由経済同盟 Bund für Freiwirtschaft と良好な関係を保持したけれども、もし彼らがある日やってきて、フィジオクラート派の地域組織を創設したというならば、私はこの組織にも加入することになっただろう[11]」、と。

一九一八年一二月にクリステン博士は、外見的に見れば、彼自らが創設したように見えるミュンヘンの自由経済同盟 Bund für Freiwirtschaft というこの組織を全ドイツに拡大しようとした。だが、これまでのような回状制度はもはや機能することがなかった。そのことを彼は次のように言っている。「今や、公的宣伝と組織的合同の時代が到来している」、と。さらにクリステン博士は、一九一八年一二月二九日のアピールの中で次のような提案、すなわちすべての支持グループは様々なグループの結節点としての自由経済同盟 Bund für Freiwirtschaft を至る所で設立するとともに、支持者は、その地域組織としての自由経済同盟 Bund für Freiwirtschaft に加入すべきであるという提案を行った。彼はそうした提案を、アピールに同封された宣伝ビラの中で次のように述べている。

自由経済同盟 Bund für Freiwirtschaft は全ドイツ帝国で支持者を獲得しなければならない。このことは、すべての誠実に働く者、すなわち労働者と事業家、常勤者、独立自営業者、学者と手工業者、農民と都市民、女性と男性にとっての死活の利害になっている。われわれは、われわれの思想を真理と確信しているすべての人々が、地域組織を形成するか、現存のグループに加入することをお願いするものである。なおこれまでに存在している地域組織としては、ベルリン（フリードリヒ・ホルツェ・リッター Fr. Holze-Ritter、ベルリン──シュテグリッツ）、アイス・レーベン（ヴァイスレーダー所長 Direktor Weissleder）、エルベルフェルト（シュルツェ氏 Herr F.Schulze）、エルフルト（マース氏 Herr O. Maass）、ライプツィヒ（ベックマン氏 Herr W. Beckmann）、ミュンヘン（テオドール・クリステン博士 Dr. Th. Christen）、レーゲンスブルク（エンゲルト博士 Dr. Engert）、シュトットガルト（シェール氏 Herr F.Schöll）、ウルム（フライデレール博士 Dr. Pfleiderer）などがある。また同じような方向でフィジオクラート連合も活動している。

以上のようなクリステンの試みは、一種の統一的組織──この統一的組織の内部では多種多様な編成がとられるべきであるとともに、きわめて様々な方法が認められるべきものであった──を作り上げようとする最初の試みであった。だが、こうしたクリステンの試みは、残念ながら不成功に終わってしまった。それでも、地域的提携によって一〇ものグループが、四つにまで減少したのであった。

こうした短い概説からもすでに明らかとなるように、新しい運動は［以前のような］全員一致を求める運動とはまったく異なったものであり、それぞれの運動があたかもゲゼルのイデーという中心からあらゆる方向に次々と拡散していくことを望んでいるかのような運動であった。事実、この運動の中には国際主義的・フィジオクラート的潮流、国民主義的・民族主義的潮流、自由社会主義的潮流、生活改善主義的潮流、自治主義的潮流、熱狂的なシュティルナー主義的潮流などが共存していたのである。これらの潮流が長期にわたりひとつの床に収まることなど、いずれにしてもできない相談だったのではないだろうか。

他方、あらゆる運動と同様に、NWO運動の中にも「組織的人間」と「運動的人間」が存在していた。前者の人々はイデーの純化を志向し、後者の人々は運動という動態を重視した。後者の人々はおそらくこれやあれやの同盟組織に属していたにもかかわらず、あたかも流動的分子のごとき存在であったにちがいない。組織というものは、溶岩のごとく急速に固まり、その維持が容易に自己目的になってしまうだろう。またその対極的運動なしには、それはドグマティズムや精神的遺産の単なる管理――そのことは、事情によっては必要なこともあるが――になってしまうだろう。それに対し、どんな運動も、その中からいかなる組織も作り出すことができないといった失敗に陥ってしまうこともあるだろう。

私は、ＮＷＯ運動史に関する何千ページにもわたる資料の中で「運動的人間」という名称に一度だけ出会ったけれども、このような「運動的人間」のひとりはだれもが認めるように、ペーター・シュプュルケル Peter Spürkel であるだろう。彼は、一五歳の時から人間の社会的解放のために――とりわけ最初の頃は労働者層をドイツ社会民主党ＳＰＤの隊列に加えるために、そしてＮＷＯ運動に加わって以降は労働者層を自由経済同盟に加入させるために――闘ってきた。彼は市電の車掌であり、時には代役として運転手を勤めた。こうした彼の仕事場はルール地方のゲルゼンキルヒェンだった。そこでの集会に、ワンダーフォーゲルの仲間がハイン・ベバ Hein Beba とともにやってきた。そしてハイン・ベバは、ペーター・シュピュルケルの話を聞くや、目から鱗が落ちたかのようにペーター・シュピュルケルの話に納得したのであった。というのも、ペーター・シュピュルケルが庶民に対するように簡潔かつ平易に表現したからである。かくして若白髪のシュピュルケルは、その証明力によって若きベバに強い印象を与えることになったのである。その結果、ベバは自由経済同盟に加入し、自由経済派の青年組織を設立することを決意したのであった。

十一月革命後、すでに仲間の信頼をかち得ていたシュピュルケルは、ゲルゼンキルヒェンの交通事業所の経営協議会の議長に選出されたが、その際、経営協議会の議長として彼の視野を広げ、新しい世界への展望を切り開いたのは、ゲゼルの思想であった。シュピュルケルは、ゲゼルが構想した新しい世界を実現するために持てる力をふり絞って活動した。そして彼は、「たとえ私が早死をしようとも、私は私の人生最後の瞬間に至るまでゲゼルが構想した世界を実現するための闘争において私の義務を果たしている」という意識をもって死にたいと望んだのである。

ハイン・ベバにとってはペーター・シュピュルケルがいるゲルゼンキルヒェンの集会は、「ひとつの教会になった。[12]」そしてベバは、シュピュルケルの遺言を継受し、社会的解放への道を他の人々に照らし出す松明の如き役割を担うことになったのである。

ペーター・シュピュルケルと並ぶもう一人の「運動的人間」は、アドルフ・ジマート Adolf Simat であった。ペーター・シュピュルケルと同様に彼も、いかなる文献的足跡を残さなかった。というのも、彼はいかなる論説も、いかなる小冊子も、いかなる著書も書かなかったからである。彼はルール地方のもっとも熱狂的な活動家グループに属し、反逆者として、また熱血漢としても知られていたばかりでなしに、自分の全人生を下層・被搾取者の問題の解決に捧げていた。ジマートは、すでに若き生徒時代に街頭でビラを配付したために処分を受けたことがあった。彼は、貧しい鉱山労働者の家庭で成長したが、学校の卒業後ただちに鉱山で労働をしなければならなかった。そして彼は鉱夫として多数の鉱山労働者の信頼を獲得した。だが、彼は、この石炭採掘労働を長く続ければいつの日にか塵肺の悪化を招くことになるだろうと考えた。そしてこうした事態を作り出す貧困と搾取から抜け出す唯一の手段は、彼には革命 Empörung しかないように思われたのであった。かくしてジマートは、ドイツ社会民主党ＳＰＤの労働運動に深く帰依し、最初はＦＦＦの人々を分裂主義者や破壊主義者と見なしたばかりでなしに、単なるユートピア主義者とも見なしたのであった。一九二〇年に至るまで彼は共産主義者であり、マルクス Marx に全幅の信頼を置いていたのであった。だが、彼の仲間のヨーン・ムレガー John Muregger が、木箱の上に座りながら朝食やおやつを食べた際に、彼を啓発したおかげで、彼はムレガーと同様に自由地と自由貨幣のために闘い始めることになったのである。そして彼は、多数の人々を動員し、情熱をもって自由地と自由貨幣の運動を全ルール地方に広めたのであった。一九二三年の春に、主として彼のイニシアチブによってエッセンの六つの鉱山の労働者はストライキに突入し、二万人を超える鉱山仲間が参加する、統制のよくとれた街頭デモンストレーションを行った。その際に、彼らは次のような三つの大きなスローガンを掲げた。

（1）ハーベンシュタイン Havenstein を打倒し、自由貨幣を導入せよ。
（2）シルビオ・ゲゼルに権力を与えよ。
（3）われわれは、賠償債務を弁済するために七五％の物品税の導入を要求する。

シルビオ・ゲゼル自身も、当時、自由貨幣の実践活動の可能性を探るためにルール地方に滞在していた。そうした事情のため、彼は、多数の鉱山労働者の集会や公的政治集会に招かれ、時には何千人もの大衆から通貨改革の全権者に指名されたりしたのであった。

「われわれの運動は、一九二三年の春にはそれ以前の運動とは同じものではなくなった。アドルフ・ジマートは、ルール地方でのわれわれの運動のもっとも古くからの、そしてもっとも成功をおさめたパイオニアのひとりとなった」と。[13] こうジマートへの弔辞は述べている。

ところで、当時フィジオクラティーという運動が大衆運動となり、自由経済学説がルールのプロレタリアートに浸透したとすれば、そのことは、なによりもまずアドルフ・ジマートのお陰であったといえるだろう。というのも、彼は粘り強くルール地方の多くの鉱山に出向き、至る所で協力者を獲得したからであった。だが、エッセンの鉱山ストライキの後に、鉱山経営者は彼を解雇し、彼を要注意人物にした。その結果、彼は、一日中ゲゼル派の活動を行うことになったけれども、彼の家族は大きな貧困に苦しむと同時に、彼もまた病気を悪化させることとなってしまったのである。かくしてアドルフ・ジマートは、三四歳の若さで寿命が尽きてしまった。彼は、一九二二年の末に彼の仲間とともに設立したラインとルールのＦＦＦ闘争同盟の中核のひとりだったけれども、この組織の中で尊大な態度を示す同盟の役員に対してはもとより、紋切り型の役員に対しても反抗したのであった。彼への弔辞の中でその点は次のように述べられている。「彼は、われわれの運動における偽善や上辺だけの態度に対してはもとより、ボスに対してもしばしば反抗したのだった[14]」、と。こうした彼を、フィジオクラート闘争同盟 Fisiokratischer Kampfbund:FKB は一種の殉教者と見なしたのである。それゆえに、残された彼の妻と子供たちのために同盟の新聞でアドルフ・ジマート寄付金が呼び掛けられることとなったのである。

シルビオ・ゲゼル自身は、「組織的人間」というよりもはるかに「運動的人間」に属する人物であったといってよいだろう。彼は、国民主義的‐民族主義的なドイツの恐慌なき国民経済同盟 Deutscher Bund für krisenlose Volkswitschaft: DBV を別にすれば、そこには多少の相違があったにせよ、自由経済派のすべての組織に対してはもとより、フィジオクラート派のすべての組織に対しても好意的な態度をとっていた。けれども、彼は長いこといかなる組織にも肩入れすることがなかった。したがって、彼は、機会があった場合にだけ、同盟の大会や代表者会議を訪れたにすぎなかった。そのような場合でも、彼は幹部会席に座らず、代議員席あるいは一般会員席に座った。というのも、彼は可能な限り特別扱いされたくなかったからである。それゆえに、ほとんどの場合、議事録を読み上げる者が彼に発言を求めても無駄であった。だが、時には、突如何かを質問するために短時間現われることもあった。

ゲゼルが、こうした組織に対する控え目な態度を初めて放棄したのは、彼が「自由経済同盟FWBは大部分ブルジョア化し、誤ったコースを辿っている」という印象を抱くに至った一九二四年以降である。そしてその時以降、彼は、ほとんどの人々に明示するような形でフィジオクラート闘争同盟に加担し、強力な労働種族、すなわちプロレタリアの核心的部分の獲得を望んだのであった。かくしてペーター・シュピュルケルやアドルフ・ジマートのような闘う人々は、彼にきわめて近い立場に立っていたことが明らかとなるのである。一九二四年にゲゼルは次のように述べた。「フィジオクラートたちが誕生しつつある」、と。だが、この組織もフィジオクラートを育成することができなかった。かくして最終的にゲゼルはフィジオクラート闘争同盟を脱退し、助言者の立場に立つことになったのである。

因みに、彼はこの運動のために自らの資産の多く——とくにその大きな比重を占めたのは、新聞と雑誌の経費であった——を使い果してしまったのである。

ＮＷＯ運動が生みだしたもっとも重要な萌芽、だが、それは唯一の萌芽とはいえないにしても、きわめ重要な萌芽のひとつとなったのは、一九一五年から一九一九年にかけてのオラニエンブルク・エデンの庭園耕作コロニーであった。このコロニーでしばらくの間ゲゼル、ラントマン Landmann、クリューフェル、ジモンズ、ポレンスケ、バルテルス、ブレックそしてヤキィシュ Jakisch などが、共同で暮らしたのであった。ＮＷＯの前衛たちのこうした集中は、以前にはなかったことである。ここエデンで最初の戦場ビラが書かれたし、ドイツ自由地同盟の本拠もここエデンに置かれた。そしてラントマンが、ＮＷＯ運動のアルヒーフを作成したのも、ここエデンであった。かくしてＮＷＯ運動における理論と実践の共同の活動の場が、ここエデンに作られたのである。

共同居住地、教育改革的学校、公正原理、「相互扶助と動物愛護[15]」、改良パンと自然食品、公民館、共同利益に基づく居住地銀行などを有する庭園耕作コロニー・エデンは、ほとんど新世界の基礎となる〈原〉協同体という性格をもつものだった。だが、このようなコロニーは、政治理論から生まれたものというよりも、生活改善運動や田園都市運動などから生まれたように思われる。スイスの果樹耕作協同組合ハイムガルテンの構想を提起したシュポンハイマー J. Sponheimer は、「土地を個々人の独占物としない」農村居住地を創設することによって都市文化という荒廃した権力を打破しようとしたのであった。彼の考えによれば、社会問題は農村からしか解決可能とはならない、と。同様な考えを、グスタフ・ランダウアー Gustav Landauer やマルティン・ブーバー Martin Buber たちも持っており、彼らは繰り返しオラニエンブルクにそのような協同体を作ることを表明していたのであった。事実、彼らは、果樹栽培コロニーと密接な関係にあったハルトの新しい兄弟協同体は「真の生活結社」になるべきであるとする講演を行ったのである。他方、ラントマンにとってここエデンは「生活改善の場[16]」であった。

一九一八／一九年のドイツ自由地同盟 Deutsche Verein Freiland の責任者であったカール・バルテス Karl Bartes、べレックそしてヤキッシュは、一九二〇年に、果樹栽培コロニーの最初の二五年間に関する著書を出版した。その著書によるならば、NWO運動はある程度まで生活改善運動の胎内から生まれたものだったといってよいだろう。事実、NWO運動の指導的人物のほとんど大部分の人は、この生活改善運動に関係していたし、ゲゼル自身も、アルゼンチンというステーキを常食としているところでも率先してベジタリアンになっていた。したがって、カール・バルテスは、その著書の中で次のようなひとつの詩——その詩の最初の一行が一九八三年に出版されたこの著書のタイトルになった——を公表したのである。

戻れ、人間よ、母なる大地へ。
汝よ、母なる大地を心と手でもって受けとめたまえ。
そうすれば、母なる大地は汝の故郷になるだろう。
そしてそこは、汝の避難場所、汝の故国となるだろう。(17)

この詩によれば、もはや国家ではなく、大地が故国であると同時に母なのである。大地こそがわれわれの故郷になるべきだ、と。こうしてグローバルな思想が、生活改善への新たな推進力と並んで生まれることとなったのである。［以上のことからも、次のように言えるだろう。］NWO運動は、長いこと純然たる経済的運動として広く理解されてきた。けれども、NWO運動は文化革命的運動かつ精神革命的運動、そして社会複合体をも越えていくきわめて広範囲な運動と密接に関連するものでもあった。多分ゲゼルの思想というものは、未来の自由地国家論 Freilandreich、一九二七年発行の『漸進的に解体された国家』論、庭園耕作コロニー・エデンの体験などから複合的に形成されたものと言えるのかもしれない。いずれにしても、このエデンの体験からも明白に感じ取れるように、ゲゼルの思想は理論的考究だけに基礎づけられたものではなかったということなのである。

原註

（1）Pfingstflugblatt 1915 „Deutsches Freiland“
（2）Zeitschrift „Eine halbe Stunde Volkswirtschaft“ vom 24.6.1933 und Silvio Gesell, Gesammelte Werke, Band 8, Lütjenburg 1990
（3）Theophil Christen, Die menschliche Fortpflanzung, ihre Gesundung und ihre Veredelung, Bern o.J.
（4）Friedrich Salzmann, An die Überlebenden, Heidelberg 1948, S.6
（5）Werner Schmid, Silvio Gesell, Bern 1953, S. 125-26;
(Schmids wertvolle Biographie macht jedoch falsche Angaben über die Gründung der Organisationen).
（6）Rolf Engert, Silvio Gesell in München 1919, Hann.-Münden, (jetzt Lütjenburg) 1986, S. 6
（7）Brief von Martin Hoffmann-Diogenes vom 24.5.1921 an Georg Blumenthal
（8）Dr. Christen am 11.8.1918 an G. Blumenthal
（9）Dr. Christen am 27.8.1918 an G. Blumenthal
（10）Dr. Christen am 1.6.1918 an G. Blumenthal
（11）ebenda
（12）Vortrag Hein Bebas „Die Welt Silvio Gesells wird Wirklichkeit“ vom 17.4.1977 in Bern vor dem LSP-Parteitag
（13）Letzte Politik Nr.3/33
（14）Letzte Politik Nr.2/33
（15）Edener Gemeindeordnung
（16）Näheres in der Studie von Werner Onken „Die Genossenschafssiedlung Eden bei Oranienburg“, in: Der Gesungheitsberater Nr. 9/1990, S. 6 ff
（17）Ulrich Linse, Zurück, oh Mensch, zur Mutter Erde, München 1983; der Autor hat die Obstbaukolonie und Neue Gemeinschaft im Zusammenhang als „Aufbruch ins neue Jahrhundert“ dargestellt.

第四章　「統一フロント」と自由経済派の基本的潮流

――ドイツ十一月革命と人民委員ゲゼル――

一九一八年一〇月に至るまでのＮＷＯ運動は、その始まりを示すにすぎない小さな組織にとどまっていた。ドイツの十一月革命によって、初めてＮＷＯ運動は上昇気流にのることができたのである。その結果、ゲゼルの利子理論、ブリューメンタールのフィジオクラート思想、そしてクリューフェルの自由経済思想などは、これまでとは異なり、多くの共鳴者を見出だすことになった。かくしてこれらの理論や思想に関心を抱く者、シンパならびに組織構成員などの人数は飛躍的に増加し、定期刊行物の出版もまた可能になったのである。

一九一八年に始まった十一月革命は、五年間続いた。この革命の最初の第一波がシルビオ・ゲゼルをこの革命の舞台に押し上げることになった。というのも、一九一〇年以来社会主義陣営の内部で自由貨幣への支持を表明していたグスタフ・ランダウアー(1)の提案により、ゲゼルが一九一九年三月にバイエルン・レーテ共和国の大蔵人民委員（大蔵大臣）に任命されたからであった。この大蔵人民委員に就いたゲゼルは、すぐに新生大蔵人民委員省の全官僚を招集し、次のように述べて、官僚たちを驚愕させたのである。「私はいかなるサインも与えることがないだろう。というのも、私は、雑務を一挙に片付ける権限を諸君に与えるからである(2)」、と。彼がこのように発言したのは、彼がルーティン的仕事に邪魔されずに、バイエルンにおいて自由貨幣を基礎とした絶対通貨制度を作り出し、「資本主義を根底的に廃絶し、資本主義の再生を全面的に阻止する(3)」という自らの任務遂行の時間を作るためだった。こうした大蔵人民委員のゲゼルをサポートしたのは、クリステン博士とポレンスケ教授であった。けれども、ゲゼルが大蔵人民委員だった期間は、わずか一週間にすぎなかった。[4] その後、共産主義者はゲゼルから大蔵人民委員の権限を剥奪し、共産主義者に従う者をゲゼルの後釜に据えたのであった。

バイエルン・レーテ共和国が終焉する少し前に、ランダウアーやゲゼルそしてその他の人々は、社会主義自由同盟[5] Sozialistische Freiheitsbund を創設することで合意した。けれども、ランダウアーはそれからすぐに殺害されてしまい、またゲゼルもランダウアーを幇助したために、大逆罪の嫌疑で裁判——ゲゼルはこの裁判で無罪の判決を勝ち取った——にかけられ、この合意は果たされることがなかった。それでも、こうした彼のバイエルン・レーテ共和国への直接的な関与や革命的経営レーテとの接触は、彼の政治的見解の急進化にかなりの程度寄与するものとなったのである。その結果、この時期以降、彼はプロレタリア的な「統一フロント」[訳者注：ゲゼルの場合、「統一フロント」とは、プロレタリアートを主体としたゲゼル派の統一的前衛組織のことを意味しているように思われる] と「困窮者の独裁[6]」とを支持することになったのである。

因みに言うと、ゲゼルは、彼の革命的改革が実行に移されるならば、政府や国家がどのような形態をとろうとも、どうでもよいと考えていた節があるように思われる。事実、彼は彼の革命的な改革はロシアではレーニン Lenin によって成し遂げられるだろうと考えていた。このようなゲゼルの政治的無頓着さは、民主主義とその議会主義的基本形態への彼の懐疑の深まりと結び付いていたように思われる。彼は、民主主義を考えられるかぎりでの、最良の、そしてもっとも欠点の少い国家形態と見なしていたにもかかわらず、そのような懐疑を深めていったのである。

プロレタリア的「統一フロント」の中核になるべきなのは、すべてのＮＷＯ支持者の統一的組織であるということを、フンケル博士 Dr.Hunkel すらも認めていたのであった。けれども、前者の組織［プロレタリア的「統一フロント」］を作ることは、当時の状況では客観的にも主観的にも不可能なことであった。それゆえに、まず最初にＮＷＯ支持者の統一的組織の形成に全力が注がれることになったのである。

このような準備作業を引き受けたのは、最初のＮＷＯ派の新聞である『解放者』——それは、もともと『ケッテンブレッヒャー（鎖を断ち切る者）』と呼ばれるはずのもの――だった。その編集方針は、まず最初にフィジオクラート連合と西ドイツフィジオクラート土地同盟――この同盟の会長はヴィルヘルム・グロス Wilhelm Gross であった――とを合体させた上で、すべてのフィジオクラート派や自由経済派の結集する解放同盟を誕生させるという見解を基礎とするものであった。この新聞の編集者ブリューメンタールが、ゲゼルを解放同盟の総裁に選出することを提案したのに対し、ゾントラ・グループは――その背後にはフンケル博士がいたが――ポレンスケ教授をこの統一同盟の議長に推薦したのであった。だが、その後の事態は、『解放者』の編集方針とは違った方向に進むこととなった。

ブリューメンタールは、この新聞を無報酬で編集した。だが、この新聞は――彼が述べたように――一、〇〇〇人の予約購読者しかもたなかったために、実際にすべてのＮＷＯ支持者に届けられるような解放同盟の中央機関紙となるには不十分であった。最初の四つの号は、確かに二五、〇〇〇－三〇、〇〇〇部を発行したけれども、実際に販売された部数はそれよりもはるかに少なかったために、三〇、〇〇〇マルクの赤字になってしまった。そして七号以降この新聞は目的を達成したという理由で、シルビオ・ゲゼルによって発行が停止されたのであった。この新聞のことを想起すると、いったいこの新聞は何を達成したのか、また『解放者』は長いこと資金不足の状態に陥っていなかったか、こうした問いが生まれてくるのである。

他方、一九一九年九月一四日にすでにアルンシュタットでクリューフェルの自由地－自由貨幣同盟 Freiland-Freigeld-Bund とハッケ Haacke の自由経済同盟 Bund für Freiwirtschaft が統合し、ドイツ自由地－自由貨幣同盟 Deutscher Freiland-Freigeld-Bund が誕生した。そしてその議長にオットー・マースが選出された。彼は『協商国への隷属からの解放』という小冊子を執筆し、その中で次のような国民主義的かつ革命的な音調を奏でたのである。

ヴェルサイユ講和条約からの脱却ならびに協商国の搾取者フロントの破壊は、武器の力によらなくとも、つまり流血の惨事に至らなくとも、大規模な経済政策的手段によるだけで可能となるだろう。ドイツが自由経済を実施するならば、ドイツは、生産の強力な増加と協商国への商品供給の増加とによって協商国内部にきわめて重大な経済的かつ社会的騒乱を引き起こすことになるばかりか、協商国労働者も彼らの資本主義政府を打倒し、ベルサイユ講和条約を廃棄するために、ドイツ国民と協力して西欧を再生させる必要性と可能性の前に立つことになるだろう。

ドイツにおける自由経済の実現は、もちろんなされるべきである。だが、全西欧も今や革命化すべきである。このような革命化という回り道をしながら、大衆運動によってベルサイユの強制状態の廃絶が達成されるべきである、と。このようにオットー・マースはいく分もって回った言い方をしたのである。だが、彼の国民主義的口調は、フィジオクラート連合や西ドイツ土地同盟などに目的意識的に加入していたフィジオクラート派の人々には不評であった。以上述べた組織以外にも、フリッツ・バルテルスが指導するドイツ自由経済同盟 Freiwirtschaftsbund Deutschlands が存在した。これらすべての組織は、十一月革命後増殖したのである。

その後、ゲオルク・ブリューメンタールは、「地域グループ代表者」の共同会議を招聘した。こうした「地域グループの代表者」はまず最初に地域組織の臨時構成員大会を招集すべきであったし、ヴィルヘルム・グロスの組織案やフリードリヒ・ズーレン Friedrich Suhren の規約草案などを審議すべきであった。そして彼らは、自らの代議員を選出すべきであった。また財政的理由から代議員をこの共同会議に送れない地域グループは、直接ゲゼルに問い合わせるべきであった。(というのも、ゲゼルは、代議員の交通費を肩代りして支払ってくれたからである。)

一九二一年五月に統一組織が、カッセルの会議で誕生した。そしてこの統一組織は暫定的な綱領を決議し、それを郵便葉書で地域グループの所在地に郵送した。その綱領とは次のような内容のものだった。

自由経済同盟は、すべての生産的国民が団結し、あらゆる形態の搾取に反対する共同の闘争を行うことをその目的とするものである。
同盟は、このような目的に鑑み、次のような経済的要求の実現に努める。
（1）土地地代の全体的所有（自由地）への移行
（2）貨幣の純粋の交換手段（自由貨幣）への転換
（3）貨幣購買力の固定化（固定通貨制度）

だが、フィジオクラート連合の中で強力であったベルリン・グループはこの統一組織に加入しなかったし、西ドイツ土地同盟の相当数の構成員もまた自由経済同盟ＦＷＢに疎遠なままだった。

この統一組織が自由経済同盟ＦＷＢという名称に固執したことも、もはやいかなるフィジオクラートも存在してはならないかのような制限を意味するものになった。したがって、多くのフィジオクラートたちは、言いくるめられていると感じ、ゲオルク・ブリューメンタールに詰め寄って次のように述べたのであった。「このような統合に同意したのは、間違いであった」、と。かくしてこの統合は、多くのフィジオクラートの疑念を生むものになったのである。つまり、フィジオクラート派にとってより大事なのは、こうした共同事業よりもゲゼルであったということなのである。

１　一九二四年五月の分裂に至るまでの自由経済同盟ＦＦＦ

自由経済同盟ＦＷＢは、「社会主義的統一フロント」の酵素になるという高度な任務を遂行できなかった。それにもかかわらず、この同盟はそのことを自己目的とする新しい組織、すなわち自由経済同盟ＦＦＦ Freiwirtschaftsbund FFFに驚くほど急激に転換した。だが、こうした転換の中で自由経済同盟ＦＦＦがどのような道を取るべきかが、問題になったのである。

その際に考慮すべき点は、自由経済同盟ＦＦＦの指導者グスタフ・ジモンズ――彼はゲゼルを最初に支持した人々のひとりであった――が最初から、経済主義的立場だけではその問題を解決できないという政治思想の持ち主であったこと、また一九二〇年の末に、ポレンスケ教授が今日の強制国家を自由国家に転換させるための政府綱領を起草し公表したこと、この二つのことである。とりわけ、このポレンスケ教授の政府綱領は、シルビオ・ゲゼルの指導のもとに一〇年間にわたる「解放独裁」を行うことによって、この「解放独裁」自体を余計なものにしていくというものであった。ポレンスケ教授は次のように言う。「誠実な自由経済主義者は、『過渡的政府（解放独裁）』を作らなければならない。この『過渡的政府』はあらゆる新聞から『彼ら流のやり方での啓蒙の助け』[7]を期待できるし、またそうすることを義務づけることもできる。だが、意見表明の自由は守られ続けなければならない」、と。このようなポレンスケ教授の「解放独裁」論は、マルクス主義の教義と一致するものであり、おそらくそこから借用されたものであるだろう。それにもかかわらず、このポレンスケ教授の「解放独裁」論は、ＮＷＯ運動の中に深く根付いていくことになる。

自由経済同盟ＦＦＦは、一九二一年九月のハノーヴァーでの同盟代表者大会で、これまでの単なる啓蒙活動から政治活動に進出していくことを決議した。それに対し、フリッツ・シュバルツは、スイスからそのような自由経済同盟ＦＦＦの政治活動への進出に警告を発したのである。なぜなら、この同盟が政治活動に入っても、今日の所与の状況では成果がまったく見込めないという理由からであった。それにもかかわらず、シルビオ・ゲゼルによって提出されることになったこの政府綱領が、ハノーヴァーでの同盟代表者大会で採択されたのである。この政府綱領は政治活動の実践的指針というよりも、むしろ政治的意志の表明にすぎないものであった。それゆえに、そこでは「解放独裁」という概念の使用が忌避されたのである。それでも、この政府綱領は――バダー Bader が述べたように――自由経済同盟ＦＷＢがいかなる公的場面においても「いつでも政府を引き受ける用意がある」[8]ということを示すものとなったのである。

この大会でヴィルヘルム・グロスが満場一致で会長に選出された。それと同時に、彼の提案にしたがって、あらゆる同盟員が付けるべき同盟記章の余白に三つの白いFを挿入することが決議されたのであった。因みに、自由経済同盟FWBもまた外国の同盟員を擁していることがこの大会で明らかになった。またこの大会以降、終身会員は、一度に一、〇〇〇マルクの同盟費を支払わなければならなくなった。他方、ハンス・ティムは幹部会にいかなる権限も与えたくないという意見を表明したし、ヴィルヘルム・ベックマンは、たとえ指導部を作るにしても、すでにミッテルガウで行っているような、独裁を不可能にする形態が発見されるべきであるという提案を行った。こうして大会に参加した人々は、分権主義的組織形態をとろうとする点で一致した。つまり、中央集権的な下部組織としての「地域グループ」ではなく、その名称によって自らの目標と中央からの自らの独立性とが表明できるような自由経済同盟の地域組織連合が存在すべきであるという点で一致したのである。さらにこの大会で同盟の指導者としてフリッツ・シュルツェ **Fritz Schulze** が選出されたけれども、まもなく穏便なやり方でヴィルヘルム・メルクス **Wilhelm Merks** に交代することとなった。ベックマンによれば、フィジオクラート連合をさらに存続させようとする人々は原則的にこの合同に反対の態度をとることとなった。たとえばバダーは退会を宣言し、ブール・ズーレン **Bur Suhren** は除名された。それに対し、ヴァイスレーダーは、すべての「生産者の統一フロント」の中に民族主義的な潮流を取り込もうとしたのである。

またこの大会でゲゼル、ベックマンそしてフライターク **Freitag** が、この政府綱領の審議委員会委員に選出された。この政府綱領は一〇万部の発行が予定されていたけれども、その発行のためには一五、〇〇〇マルクの自発的な寄付金が必要となった。それについてフォーゲル **Vogel** は次のような批判的見解を述べている。

言葉や文書によるプロパガンダよりもはるかに重要なのは、実践的政策、たとえば小都市での自由貨幣の導入や女性への収入補助などである。

こうした小さな異論が、大きな政治的分裂に導くことになった。

一九二二年のベルリンでの自由経済同盟大会は、自由経済同盟ＦＷＢが（議会主義に陥ることなしに）議会選挙に参加することを決議した。その結果、政府綱領審議委員会も、現存の国家を「資本主義的経済秩序とその社会秩序の基礎を守るための組織」と特徴づけてきた政治的綱領から離れることとなったのである。他方、政府綱領審議委員会によって強調されたのは、国家が個人の問題に干渉するような制度は、精神の支配に奉仕するものになるということだった。したがって、国内政治の要求項目の中に次のような文章が挿入されることになった。

（４）あらゆる文化問題での自由。学校、専門教育、医学、教会、科学、芸術、結婚などは、国家やその影響力から分離されるべきである。(9)

政府綱領審議委員会の多数の委員は、すぐにこの要求に疑念を抱いた。実際、自由な婚姻を支持したのは、委員会に出席した九人の委員中五人であり、他の四人の委員は反対に回った。民主主義の観点に立つならば、この決議はもう一度再議決される必要があっただろう。というのも、一一人の政府綱領審議委員中の二人がこの決議の採択の際に欠席していたからである。

このような疑念を抱くにいたったすべての委員は、自由な婚姻や自由な恋愛といったようなものは政治的綱領に含まれるべきものではないという考えであった。自由な婚姻と自由な恋愛は私事であって、そのような要求を自由経済同盟ＦＷＢが多数の公衆の中で掲げるならば、それは自由経済同盟ＦＷＢにとって有害になるだけだろう、と。かくしてオットー・マースはハンス・ティムと対立することになった。そして一九二二年のベルリンでの同盟大会においては、この二人の男の回りに、自由経済派の潮流とフィジオクラート派の潮流と容易に識別できるような二つの相対立する潮流が形成されたのであった。同盟の会長であるヴィルヘルム・グロスは、前者の潮流に属した。この二つの潮流を全体的に見れば、自由経済派の潮流が保守的であるという特徴をもち、フィジオクラート派の潮流は革命的という特徴をもっていたといえるだろう。そうした相違の基礎には、路線の対立の背後に隠されていたところの、国家観と生活観の本質的相違が存在していたのである。

だが、このようにして生まれた対立は、この大会ではなお隠蔽することができた。というのも、この大会で採択された政治的綱領は、両者の路線対立を未解決なままに残していたからである。つまり、この政治的綱領は、どちらの潮流にも都合よく解釈できるものだったからである。かくして両者間の更なる闘いが、大会という舞台の前やその裏で始まることとなったのである。

まず最初に、自由経済同盟ＦＷＢ幹部会とヴィル・ノエベ Will Noebe との間で論争が起こったけれども、その論争はノエベの除名で終息することになった。かくしてノエベ――彼のＮＷＯ観は国民主義的色彩をもつものであった――は、アウトサイダーの立場――けれども、彼はその立場を有利に利用する術を心得ていた――に立つこととなったのである。ベルリン大会翌年の一九二三年六月一日に、メクレンブルクで『農村と都市』というタイトルの自由経済派の日刊新聞が発行されたが、その編集長はノエベ自身であり、その発行人はパウル・ハーゼ Paul Hasse であった。彼らはシルビオ・ゲゼルを訪ね、ゲゼルがこの新聞に寄稿してくれるよう頼んだ。ゲゼルはそのことに同意したけれども、当分の間彼の寄稿には「自分の名前を付けない(10)」ことをその条件とした。その理由は、メクレンブルクはドイツ帝国のもっとも反動的な地域であり、この地域の人々はバイエルン・レーテ共和国大蔵人民委員時代の彼を少なからず忘れていないだろうということであった。実際、ドイツ帝国大統領へのゲゼルの公開書簡は、ゲゼルのサインしたものでなく、ハーゼ、ノエベ、クルト・テンプラー Kurt Templer、エドアルド・フォン・エンゲル Eduard von Engel などのサインしたものが大統領に提出されたのであった。

この時期、ドイツのインフレーションが、急速な勢いで始まっていた。「多くの人々は、当時、このインフレーションの勃発を支持したように思われた。」[11]ノエベは、日々四〇の製紙工場と七〇の印刷所で膨大な量の紙幣が印刷されているという恐るべき金融緩和政策に反対する論説を毎日書くこととなった。その際の彼の編集上の協力者は、ポレンスケ教授、ペーター・ベンダー Peter Bender、エルンスト・ツァーン Ernst Zahn、ペーター・シュタイン Peter Stein などの人々だった。そしてこの新聞の販売は、パウル・デンクマン Paul Denkmann に委ねられ、またこの新聞の編集チームも、ノイストレリッツ／ノイブランデンブルクの自由経済同盟FWBの地域グループに依存することとなった。だが、なおいっそう重要だったことは、この新聞をメクレンブルク小農同盟が支持したことだった。というのも、このメクレンブルク小農同盟を通じてNWOのイデーは、初めて農村に根を張ることができたからである。かくして自由経済同盟は、自由経済派の改革綱領を支持する小農同盟の人々を獲得し、全メクレンブルク地方に嵐を巻き起こすことに成功したのであった。たとえば、毎晩メクレンブルクの様々な町で公的集会が開催され、その会場は満員となった。そして同盟の最良の演説家たちが動員された。ポウル・ハーゼ、ポレンスケ教授、パウル・クールマイ Paul Kuhlmay などは、そのような動員された最良の演説家に属していた。その結果、『農村と都市』の編集部の電話は終日鳴り続け、とくに一五時頃には新号の発行への問い合わせがひきりなしに続く状態だった。小農同盟は、小さな邦国メクレンブルクの邦国選挙において自由経済派の候補者を推薦したが、そのうちのひとりエドアルド・フォン・エンゲルが当選し、その後の四年間それぞれ二〇人で拮抗している右派と左派の邦国議会の間でキャスチング・ボードを握ることとなったのである。

それにもかかわらず、ノエベによれば、世界は改革よりも保守することを好む傾向にある。したがって、公的集会への多数の参加者は、いかなる自由への展望をほとんど見出せない状況にあるからこそ、自由の奪還のために立ち上がらなければならなかったにもかかわらず、彼らは通例賛意の拍手で終わってしまうのであった。ノエベは言う。「聴衆に示されたものはきわめて納得のいくものであり、日々の出来事によって確証されるものだった。だが、われわれが頼みとする綱領は、聴衆の大多数にとって咀嚼するのに困難なものであるばかりか、もっと熟考する必要のあるものだった[12]」、と。

けれども、――ノエベが主張したように――綱領だけがこの新聞の運命を決定したのではなく、彼と彼の新聞に対して邦国検事局が厳しい態度をとったこともまたそのことに関係していたといってよいだろう。たとえば、ノエベは、中央党の政治集会の際に、外相シュトレーゼマン Stresemann とともに壇上に上り、この壇上から次のようにシュトレーゼマンに直截問うたのであった。「外相どの、あなたは金本位制度の再導入や現存の土地権を支持するのですか、どうなのです」、と。シュトレーゼマンは、自らの講演前に激しい怒りをもって質問を浴びせかけてきた若き情熱の徒に幾分驚きつつも、その問いに「イエス」と答えたのであった。そしてその翌日『農村と都市』にシュトレーゼマンを脅迫した記事が掲載されるや、それはこの新聞の差押えとこの血気盛んな編集長の一時的執筆禁止へと導いたのである。

その後、この『農村と都市』紙は、月刊誌『目標』（Telos）となった。そのことにノエベはけっして落胆しなかった。むしろ彼は、「あたかも精神病者のように」ゲゼルのイデーのために熱狂的に活動したのである。その際の彼のモットーは、「今こそもっと先に進め」ということであった。

一九二三年五月にライプツィヒで開催された自由経済同盟FWB大会には、一〇〇人を越える地域グループの代表者が結集した。そして彼らは、この同盟大会できわめて重要な若干の決議を行った。

その決議とは、ハンス・ティムやその他の人々の動議に基づいて、自由経済、自由地、自由貨幣そして固定通貨制度などの定義を定めようとする、否、確定しようとする次のような決議であった。

自由経済とは、あらゆる特権の廃絶の上に、自由な競争が完全に実現されているひとつの経済状態である。したがって、自由経済は、なによりもまず、そして主として経済へのあらゆる国家的干渉を取り除き、かつ廃絶することを意味している。自由経済にはこのような純粋に消極的なメルクマールの外に、二つの積極的なメルクマール、すなわち自由地と自由貨幣とが属している。

自由地とは、すべての個々人がすべての土地を所有するという思想を実現した状態のことである。したがって、自由地とは、だれかの特別な所有でもなければ、国家、民族あるいはその他の人間組織の所有でもない土地、そしていかなる国家も特別な権利を行使できない土地のことである。つまり、自由地とは、生産が自由かつ妨害されることなく至る所で行われる土地のことである。……自由地とは、全世界のすべての人間が公的競売において最高の借地料を提供すれば、有益に利用できる土地のことである。……自由地とは、その借地料が平等かつ例外なく子供の人数に応じてすべての母親に分配される土地のことである。

自由貨幣とは、一定の期間、その時々の紙幣所有者によって担われる額面損失を課された貨幣のことであり、国内的にはひとつの通貨局によって、また国家間では国際ヴァルタ連合によって、商品の平均価格（指数）をたえず同一のままにする固定通貨制度のような方法によって管理される貨幣のことである。[13]

これらすべての定義、とりわけ前者二つの定義は、反国家的傾向のものであり、フィジオクラート派の人々によって主張されていたものである。他方、固定通貨制度には特別な定義づけの文章が認められず、最後に付け足しのように置かれている。だが、それはその後もっとも重要な定義になるものであった。

ライプツィヒの自由経済同盟大会は、同時に自由経済同盟ＦＷＢを政治化するということを決定し、次のような内容の決議を採択したのであった。

（1）国民がＦＦＦを熱望する状態を惹起させること、必要ならば国民投票におけるＦＦＦ支持の状態を惹起させること。

（２）選挙への参加。
（３）選挙闘争には社会自由党 Soziale Freiheitspartei という名称を付けて臨むけれども、この社会自由党の実際の組織は、選挙によって初めて選出された議員によって設立されるべきこと。
（４）政治的行動綱領を作成するための綱領委員会が形成されるべきこと。（その委員としてゲゼル、アルヴェ Alve、ティム、トゥルケ博士 Dr. Tuerke、ウールマイアー博士 Dr. Uhlmayr などが選出された。）
（５）同盟の幹部会と並んで、自由経済同盟ＦＷＢを積極的に政治化するという主要な任務をもった行動委員会が設置されるべきこと。
（６）選挙闘争のために同盟の幹部会の中にヴィルヘルム・メルクス指導の特別な部局が設置されるべきこと。
（７）帝国議会選挙の指導をシュテティンの地域グループに移譲すること。

こうした決議を偏見なしに考察するならば、選挙準備作業が少なくとも三つ以上の団体に分散していたことが分かるだろう。したがって、その結果は必然的に権限をめぐる争いと混乱とに導かざるをえなかった。

自由経済同盟が求めた「国民的熱望の目的」は、「外国の援助なしに、紙幣の発行停止によってマルクの安定化を図る法案」の提出であった。そのための署名活動が一九二三年の年末まで行われたのである。またヴィルヘルム・メルクスは、可能な限りあらゆる地域での、たとえきわめて小さな共同体であっても、国民的熱望のための活動共同体を設立することを指示したのである。その結果、選挙準備作業団体はさらに分岐することになってしまった。彼は、自らの「プロパガンダの指針」の中で次のように述べている。

われわれの国民的熱望の内容について説明する際には、外交的巧みさをもって行うことが肝要である。そうした外交的巧みさのひとつは、『固定通貨制度』を前面に出すことである。(14)

さらに彼は次のように述べている。「実践的観点からは、自由地と自由貨幣については沈黙すべきである。なぜなら、それらを根拠づけることは困難だからである」、と。かくしてすべての基礎的定義は、すでに最初の政治的歩みに伴って拡張解釈されることとなってしまい、決議されることがなかったのである。つまりメルクスは、最下位の要求を最上位の要求に変えてしまったのである。そうした彼の変更の背後には、次のような思想があったように思われる。その思想とは、国民的熱望のための活動共同体ＡｆＶをゲゼリアンではないあらゆる人々が肯定できるような自由経済同盟ＦＷＢの地域グループに転換させたいという思想であった。だが、実際には、こうした国民的熱望のための活動共同体ＡｆＶは一二団体以上には形成されず、そのうち確認できるのは僅か七つの団体にすぎない。このように自由経済同盟ＦＷＢの少数派の人々の多くが国民的熱望のための活動共同体への加入の署名をしなかったために、自由経済同盟ＦＷＢは結局のところ国民的熱望のための活動共同体の活動を再び停止せざるをえなかった。それでも、ある通信員は、ライプツィヒ同盟大会について次のように書いた。「この大会は、『現代のあらゆる力の流れがそうであるように共通のベッドをＦＦＦに見出だす』[15]前兆である」、と。このような自己評価は政治的現実と大きく隔たるものであった。かくして自由経済同盟ＦＷＢの地域グループは、彼らによってはほとんど解決のできないような過重な負担を背負うことになってしまったのである。

一九二四年の帝国議会選挙の選挙準備活動に際しても、同様の事態が生まれた。シュテティンの帝国議会選挙指導部は、多数の選挙区での自らの候補者を支持する選挙人リストの作成を必要なことと認めたけれども、ほとんどの場合、自由経済派の候補者を支持する選挙人を六〇－七〇名しか集めることができなかった。その結果、自由経済同盟ＦＷＢはひとりの候補者すらも帝国議会議員に当選させることができなかったばかりか、その投票者比率も一％以下にとどまってしまったのである。

このように自由経済同盟ＦＷＢの選挙闘争は、惨憺たる結果に終わった。成功間違いなしという期待の中で、多くの地域グループは多額の選挙資金の借入れを行ったため、彼らは多額の借金を背負うことになったのである。

他方、シルビオ・ゲゼルは「革命的な自由経済同盟」を、それゆえに、硝酸のように作用し、あらゆるブルジョア的心性を可能な限り破壊するような、急進的な行動綱領を望んでいたのである。(このゲゼルの立場は、ヴィルヘルム・メルクスの見解とはまったく正反対のものであった。)したがって、ゲゼルは、資本主義と国家は相互に不可分の関係にあるという認識に基づいてあらゆる文化問題における個人の自由を主張したのであった。

それに対し、自由経済同盟FWBの幹部会を構成する五人の幹部会員のうちの三人の幹部会員――メルクス、バルテルス、シェーファー Scheffer ――が、ゲゼルの「自由な婚姻」という要求に反対する見解を表明した。そこで彼らは、一九二四年四月にマグデブルク臨時同盟大会を招集し、その大会で綱領草案中の「婚姻」という語句とそれに関するあらゆる文化的要求を削除するようにすべての地域組織や個人会員に勧告したのであった。そしてその代わりに、彼らは「今日の搾取経済から受け継いだところの、すべての人々の生計費の不足を充足させるべきである」[16]という要求を掲げたのであった。

他方、シルビオ・ゲゼルは、マグデブルクの大会議長団に「指導原理についての書簡」を送り、同盟大会の代議員たちがその書簡を読むことを要求したけれども、その書簡は、一八七五年のマルクスの書『ゴータ綱領批判』がドイツ社会民主党のラッサール派やベーベル派の代議員に秘密にされたように、マグデブルク同盟大会の代議員にも秘密にされてしまったのである。

ゲゼルは、この「指導原理についての書簡」の中で、同盟幹部会の保守的心性に驚きつつ、次のように述べたのであった。

右翼からの同盟への大衆の流入は、社会民主党によって遮断されているがゆえに、……極左派からの同盟への流入しか残されていない。

このようにゲゼルは、「プロレタリア的フロント」は、左翼の中においてだけ拡大していくということ、つまり「プロレタリア的フロント」だけが「統一フロント」に転換できるということ、こうしたことを主張したのであった。さらにゲゼルは、「プロレタリアート以外のその他の国民諸層に適合させようとする形態の公的宣伝は、プロレタリア層に宣伝することの必要性を理解することへの妨害になっている」とした上で、次のように主張したのであった。

われわれが左翼の労働者大衆の信頼を獲得したいと思うならば、われわれは、どのような方法によってわれわれの要求を実現するための政治権力の獲得に至り得るのかという問題に明確な答えを与えなければならない。それゆえに、われわれはプロレタリアートの武装化を要求しなければならないし、また少なくとも帝国国防軍の完全な非武装化ないしプロレタリア的信任者をその司令官とする帝国国防軍の管理をも要求しなければならない。

他方、ソビエト・ロシアとの連携が全力で追求されなければならない。その際、ソビエト・ロシアの経済政策については友好的な立場から批判しなければならない。

民族的なものとは、それが政治的なものになるかぎりにおいて、われわれは全力で闘わなければならない。それに対し、階級闘争に対しては、われわれは徹底的に闘わなければならない。(17)

以上のことからも分かるように、ゲゼルは最良の場合には自由経済同盟ＦＷＢが「あらゆる生産者の統一フロント」として受け入れられるような、プロレタリア的、社会主義的な「統一フロント」を形成するという立場を依然として堅持していたのであった。だが、マース、メルクス、イーゼンベルク Isenberg そしてバルテルスたちの目には、ゲゼルは今やドイツ共産党ＫＰＤが行っているような親ボリシェビィキ政策、たとえばプロレタリアートの武装化による権力奪取を追求しているかのように見えたのである。

したがって、彼らの連名のもとにショイフラーは、ゲゼルの「指導原理についての書簡」に対して次のような反論を行ったのである。

大衆への宣伝に際し、われわれは国民の全体と向き合わねばならない。そこでは個々の「階級」が優先されてはならないのである。というのも、自由経済学説は、マルクス主義が想定するようないかなるプロレタリアをも問題としないからである。むしろ自由経済学説は、不労所得が得られているところではどこにでも被搾取者を見るのである。……われわれは、自由経済のもっている階級間の和解的性格を強く強調しなければならない。つまり、自由経済は階級破壊的かつ党派分解的に作用するものであり、むしろ生産者を結集させるための中核点を与えるものなのである。

自由経済運動は、城内平和から国際平和に向かうことを望むがゆえに、なによりもまず「自国民」を救出するものでなければならない。

自由経済学説を「自国」で暴力的に実現しようとするあらゆる試みは、国民生活の中に強力なかつ相当大きなブロックが存在していなければ、非組織的なものになり、したがって、ギャンブルのごとき試みになってしまうと非難されるだろう。自由経済運動は、……いかなる階級闘争を行うものでもない。……それは、階級性とはまったく無関係な運動であり、むしろ階級を破壊し、階級という汚らしい衣服をまとう必要のない運動である。そうした汚らしい衣服は、この運動が階級から自由になるならば、まとう必要のないものになるだろう。(18)

だが、マグデブルク臨時同盟大会では、以上のような自由経済同盟ＦＷＢの幹部会とゲゼルの相違と対立とはけっして明確なかたちにおいて除去されることはなかった。その結果、自由経済同盟ＦＷＢの内部には二つの戦略と二つの世界観の持ち主とが登場することになったのである。因みに、ショイフラーは、自由経済が革命的一撃によって全世界に導入されかつ実施できるというゲゼルの考えを妄想とみなした。ショイフラーによれば、それよりもはるかにありそうな事態は、世界が「漸次あたかも一歩一歩と精神的かつ物質的に自由経済的になっていくことであり、また自由経済というイデーやそのイデーの創始者が漸次自由経済的になっていくことでその度に記念されるようなことはないだろうという事態なのである。」

社会民主主義的労働者党の内部には二つの潮流、すなわち一方は収奪者の収奪によって社会主義を暴力的に実現しようとする潮流と他方は現存するものの有機的成長を基礎としてその内部的改良を遂行しようとする潮流とが存在したように、ＮＷＯ運動の内部にも同じような問題で分極化し、二つの並行的な潮流が存在することになったのである。社会民主党の場合には、そのような二つの潮流を代表したのは、カウツキー Kautsky とベルンシュタイン Bernstein であった。それに対し、ＮＷＯ運動の場合には、そのような二つの潮流を代表したのは、ティムとマース（ないしバッツ Batz とショイフラー）だった。それに対し、ゲゼルは、両者の間にあって自らの立場をティムらの急進派に置いたのであった。

だが、このようにゲゼルが急進派を支持したことは、この二つの潮流の実際上の力関係を変えるものとはならなかった。つまり、同盟内の急進派は、実際には少数派であった。だが、そのことは、ゲゼルの急進派支持によって一時的に覆い隠されてしまったのである。一九二四年五月のヘルンハウゼ大会で、ゲゼルは、彼の個人的影響力によって多数の自由経済主義者をフィジオクラート派の支持者に変えたために、彼が望んでもいなかった自由経済同盟ＦＷＢの分裂を招くことになってしまったのである。かくしてヘルンハウゼ大会は、統一組織の形成を埋葬してしまうことになったのである。

2　一九二五－三三年の期間の自由経済同盟ＦＷＢ

一九二五年二月に、フリッツ・バルテルスは「自由経済同盟ＦＷＢはすでに至る所で再び進撃を開始している」と断言した。だが、実際にはそのような進撃は、西の同盟組織に限定されたものでしかなかった。

ところで、自由経済同盟ＦＷＢに加入したすべてのグループは、まず最初に自己の規約を掲げるべきであっただろう。というのも、一九二五年八月にはすべてのグループに「無条件の統一」が要請されたからである。ベルタ・ハイムベルク **Bertha Heimberg** が述べたように、今やまったく新しい規約を基礎とした自由経済同盟ＦＷＢは、いかなる組織ももっているような欠点を大幅に免れていたとしても、著しく集権化してしまうことになったのである。かくして多数の同盟員と全地域グループは、このような同盟の変質に対して会費支払拒否ストライキで抗議したのであった。

3　労働党ＰｄＡ

一九二六年四月のエルフルトでの自由経済同盟ＦＷＢ大会において、強力かつ影響力のあるフレンスブルクの地域グループが、自由経済同盟ＦＷＢを再び脱政治化させようとする提案を行った。その際に、彼らは、従業員と雇用主という分類を行うことを要求し、そして従業員の場合には、一種の労働組合としての権限をベックマンの労働党 **Partei der Arbeit: PdA** に与えるべきであると主張する一方で、他方では「雇用主のためには労働党とは対極の党が即座に建設されねばならない[19]」と主張したのであった。またグラドベックとゲルゼンキルヒェンの地域グループも、フレンスブルクの地域グループと同様に自由経済派の労働組合の建設を必要なことと見なしたのである。

この労働党ＰｄＡを作ったヴィルヘルム・ベックマンは、世間ではきわめて著名な、そしてきわめて人気のあるドイツの自由経済主義者だった。彼は労働運動内部でも大きな名声を得ていたがゆえに、社会民主党ＳＰＤの帝国政府は彼を社会化推進のための暫定的な帝国社会化委員会の委員に任命したのであった。かくして彼は、帝国社会化委員会の委員として間近に帝国議会での諸政党の闘争を観察する機会をもつことができた。そうした観察の結果、ベックマンは、自分が次のような問いの前に立っていると考えたのである。なにゆえ議会には国民を指導する思想家ではなく、職業政治家や凡庸な者たちが指導するのか、また政治家の腐敗はいかにして生まれるのか、そしてなにゆえ生産的国民階層はきわめて様々な諸政党に分裂しているのか、と。彼の考えによれば、今やドイツ政治の健全化に必要となるのは、誠実さだけである。そればかりではない。当時ドイツには二七もの政党が存在していたけれども、ベックマンは、それらのほとんどの政党は無用な存在であると見なしたのであった。そして彼は、これらの政党を次のような三つの生産要素に対応した三つの党に集中させることを提案したのである。

① 労働を代表するひとつの政党
② 土地を代表するひとつの政党
③ 資本を代表するひとつの政党

ベックマンは次のように言う。「労働党の背骨となるべきなのは、労働組合である」。そう述べた上で、ベックマンは、労働組合が「政治的中立性」を放棄することを呼び掛けたのだった。なぜなら、カトリック系労働組合をも含む労働運動の最終目的は、政治的権力手段の獲得によってだけ達成できるにすぎないからである。かくしてベックマンは、一九二五年にドイツ労働党 Deutche Partei der Arbeit: PdA の基礎を準備するための長い宣言文を書くこととなった。この宣言文によれば、労働党ＰｄＡは労働全収益を闘い取り、――貨幣利子、地代そして投機利潤から構成されるところの――不労所得の廃絶をその目標とすべきである、と。彼はその点を次のように言っている。

不労所得の廃絶のための手段は、次の改革である。

貨幣改革（伝統的な貨幣に代わる社会的貨幣の実現）

土地改革（私的土地所有に代わる社会的土地所有の実現）

通貨制度改革（金本位制度に代わる社会的通貨制度の実現）

このような改革目標の実現は、――社会問題が経済的に条件づけられたものであるかぎり――社会問題の解決と同義なのである。[20]

このように社会的観点から自由経済派の基本概念を改編させたこのベックマンの主張に人々は注目し、労働党は様々な労働組合と職業組織の上部組織になりうるものと考えたのである。それと同時に人々は、このようなベックマンの労働党論をイギリスの労働党というモデルをドイツの状況に転用したものとも見なしたのであった。今やベックマンにとってなによりもまず必要なことは、様々な労働組合の個々の構成員を労働党という新しい基礎に合流させることだった。そうできたならば、彼らの労働組合組織も彼らに続くだろう、そう彼は考えたのである。

ヴィルヘルム・ベックマンは、議会主義と民主主義に疑念を抱いていたシルビオ・ゲゼルとは対照的であった。彼は、議会制度はイギリスが証明しているように十分機能可能な制度であるということを確信していた。ベックマンは言う。「人々が諸政党――実際には、それらの政党とその基本的政治観が失敗や弊害の核心なのであるが――の失敗や弊害を議会制度の責任にしてしまうならば、それは産湯とともに赤子を流してしまう行為と同じになるだろう」、と。このようなベックマンの思想は自由経済同盟ＦＷＢの一部には浸透するに至ったけれども、自由経済同盟ＦＷＢの他方の部分にはフンケルの労働の自助ＳｄＡ Selbsthilfe der Arbeit: SdA への強いシンパシーが存在していたのである。だが、ヴィルヘルム・ベックマンは言葉だけの人ではなかった。というのも、彼はドイツ職員組合の議長あるいはそのもっとも重要な書記のひとりだったからである。事実、彼は、ドイツ職員組合のシュテティン大会で一四〇人の代議員のうち六二人の代議員の支持を獲得できたのであった。かくして彼は、自由経済同盟ＦＷＢの綱領に立脚した労働党ＰｄＡの設立に邁進することとなったのである。

だが、一九二七年一〇月のエルフルトでの自由経済同盟ＦＷＢ大会は、ベックマンの労働党ＰｄＡへの支持はもとより、フンケルの労働の自助ＳｄＡへの支持をも決定しなかった。またこの大会において綱領委員会は、ペーター・ベンダー Peter Bender が提案した新しい綱領草案を推薦したが、この草案は「革命的独裁か合法的権力奪取か」[21]という二者択一を提起している点で、同盟員の注目を集めるものとなった。ベンダーはこのような自らの綱領草案をフィジオクラート闘争同盟ＦＫＢの綱領から区別するために、「人類の自由な経済秩序はモスクワやソビエトではなく、ロンドンやニューヨークそしてポンドやドルの方に準備されるものとなるだろう」という追加の文章を加えたのであった。このような彼の綱領草案は三七頁に及ぶ膨大なものであった。彼は（まもなく期待されるような）自由経済派政府に関する項目の冒頭を次のような文章で書き始めた。「三つのＦＦＦを実現するためには、強力な政府権力が必要とされる。」、と。こうして一九二七年のエルフルト同盟大会では、自由経済同盟ＦＷＢの脱政治化が否定されたのであった。

4　労働党ＰｄＡをめぐる論争

一九二九年の聖霊降臨祭の日に開催されたギーセンの自由経済同盟ＦＷＢ大会では、自由経済同盟ＦＷＢとフンケルの労働の自助ＳｄＡとの関係が詳細に議論され、それについての様々な見解が登場することとなった。それにもかかわらず、この大会において「組織としての同盟は、労働の自助ＳｄＡから明確に区別されるべきであるが、同盟の個々の構成員は、同時に労働の自助ＳｄＡの構成員であってもかまわないし、またその構成員になることもできる」[22]

という決議がなされたのであった。この決議にしたがえば、一人の同盟員がこの二つの組織の幹部会員に同時になるということすら可能になったのである。

一九三一年の復活祭の日に開催されたエッセンの自由経済同盟大会は、初めて同盟に一定の飛躍をもたらす大会になった。この大会では同盟の規約が変更され、会費も新たに決められたのである。だが、それだけではなかった。この大会の開幕に際し、同盟のペナントと緑の旗を掲げた自由経済派の青年たちの多数のグループが、会場のなかを闘争歌を歌いながら行進したのである。そして彼らのシュプレヒコールは、行動への意欲を示すものとなった。その行進の後、ウーレマイアー博士とヴィムベル Wimber とが、この大会の少し前に死去したシルビオ・ゲゼルへの追悼演説を行った。このような大会の一連の行事の中で注目すべきことは、シュヴァイシュトループ教授 Prof.Sveistrup がベルリンの自由経済同盟FWBの公的代表者の委託をうけてこの大会に参加したことであるだろう。いずれにしても、この大会が開催された一九三一年一〇月の時点で確認できるのは、一九二九年の聖霊降臨祭の日以来五〇〇人の同盟入会者と一三の新たな地域グループの加入があったということである。そればかりでなしに、これまで休眠状態にあった同盟の宣伝活動も再び始まったということ、そして新会長となったベルタ・ハイムベルク Bertha Heimberg らが同盟組織の引き締めを行ない、その活動様式を簡素化したことなどであるだろう。だが、そうした試みは、遺憾ながら、下からのイニシアチブを犠牲にするものとなってしまったのである。

5 二つの党原理

自由経済主義者は、繰り返し自由経済同盟FWBが政治的政党に転換することは必要なのか否かという問題を提出してきた。そしてすでに一九二九年のギーセンでの自由経済同盟大会でこの転換を要求する動議は多数決で否決されたのであった。その後、ベルリンではオイゲン・グラスケ Eugen Graske とベルンハルト・グロビッシュ Bernhard

Globisch のイニシアチブのもとに中庸の国民党 Volkspartei der Mitte が結成されたが、ここで注目すべきは、この党が純粋の経済的要求を掲げたことだった。そしてこの党は、ヴァイマール憲法の一五一条の実現を目指し、すべての人間が人間に相応しい存在になることを保証するという目標とともに、経済を公正さの原理にしたがって改造するという目標とを掲げたのであった。この自由経済派の国民党は、私的資本主義と国家社会主義の間の中庸のものを作ろうとした。だが、この党はベルリンに限定された存在のままであった。

他方、エッセンの自由経済同盟大会が政治的政党形成の動議を否決するや、政治的政党形成の支持者たちは同盟を脱会し、一九三一年にドイツ自由経済党 Freiwirtschaftliche Partei Deutschlands: FPD を結成した。そしてこの党に中庸の国民党もまた加わった。こうして生まれたドイツ自由経済党ＦＰＤは、政治的現実とゲゼルが構想した構造改革の間の掛け橋を構築しようとするものだった。ゲゼルが構想した構造改革がなお実現されておらず、十分な影響力をもてない状況にあるかぎり、「ドイツ自由経済党ＦＰＤは欠陥のある経済体制の枠内での社会福祉思想というものをやむをえず是認しなければならないし、また失業者、インフレーションとデフレーションの被害者、戦争の犠牲者、労働不可能な者たちへの十分な支援をも是認しなければならない[23]」、と。

このような思想は、社会国家イデーへの更なる譲歩であり、絶対にゲゼルの［後年の］観点に立脚したものとはいえない。

今やこの新しい政治的政党の思想的指導者になったオイゲン・グラスケは、自由経済同盟ＦＷＢに批判の矛先を向けて、自由経済同盟ＦＷＢの権力への意志の欠如を批判し、「権力なしには、自由経済は永遠にユートピアのままである」と主張したのであった。彼はその点を更に次のように述べている。

現実の活動は、いつも理論家によって制限をうけてきた。つまり、職業と社会への配慮ということが理論家にそのような態度をとらせてきたのであった。自由経済派の政治指導者たちが、すなわち同盟員と苦楽をともにしてきた指導者たちが、何事かをなそうとしても、そこには理論家が立ちはだかり、一度たりとも国民社会主義的な運動が誕生することはなかったのである。それというのも、われわれの運動が［われわれの］衝動や感情に則した立場をもたなかったからである。今や機は熟している。……勇気と闘争精神が運動を前進させるのであって、それを前進させるのは、理論的なお喋りではないのである。(24)

グラスケにとって問題は「闘うのかそれとも衰退するのか」であった。彼にあっては人々が闘いつつ衰退していくといったようなことはありえないことだった。しかしながら、彼は長期にわたって展望をもたない革命的道を歩むことをけっして推奨することはなかった。むしろ彼が推奨したのは、議会による進化の道だった。彼はその点を次のように言う。

議会の演壇は、人々に次のことを、すなわち、彼らがいかに欺かれ、嘘をつかれているのか、また彼らがいかに自らの指導者によって投票する家畜として利用されているのかということを教えることができるものである。もしそのことを教えることができたならば、彼らはわれわれのところにくるだろう。(25)

以上のような主張をしたグラスケ指導のドイツ自由経済党ＦＰＤは、とりわけ貨幣独占と土地独占を作り出す「あらゆる特権を廃絶した自由経済」、「情け容赦のない貸付資本からの農民身分の保護」、あらゆるプロレタリアの完全な市民への上昇、「あらゆる文化問題における絶対的自由」（ただし、婚姻については言及していない）などの要求を掲げた。そしてこのドイツ自由経済党ＦＰＤは、「今や緊急に求められている自由経済派政府」草案を公表したが、そこで第一位に掲げられた要求は、通貨局の創設（この通貨局はゲゼルの著書『漸進的に解体された国家』の中で放棄されたものだった）であった。それに対し、この草案では「利己心」はもはや主張されることがなかった。かくしてグラスケは、次のように結論づけたのである。

国民同胞、雇用主、従業員、官吏たちよ。全体の福祉が重要なのだ。国民共同体の支持、城内平和と国際平和の支持、自由と富裕の支持、そしてすべての者を援助せよ。[26]

ドイツ自由経済党は、短期間に自らの全国組織を構築し、自由経済同盟ＦＷＢやフィジオクラート闘争同盟ＦＫＢと並ぶ第三の勢力となった。だが、このドイツ自由経済党の生命は短かった。というのも、一九三二年末のパウル・レグナウルト Paul Regnault の除名は、多数の同盟員によって不当な除名とみなされ、ドイツ自由経済党の解体という深刻な危機を招くことになったからである。この除名によって、ドイツ自由経済党に加入しようとした新たに創設された地域グループの合流が妨げられたばかりでなしに、古参の党員たちも党会費を支払わなくなってしまったのである。そして一九三三年の最初の半年の間に、ほとんどの地域グループは自主解散してしまった。というのも、ナチスによる選挙法の改正がドイツ自由経済党の存在基盤を奪うことになったからでもある。かくして一九三三年七月にオスカー・ハルニッシュ Oskar Harmisch だけが党に残るというかたちをとって、彼がドイツ自由経済党の解散を公表したのである。その際、ハルニッシュは解散の理由を次のように説明した。党のさらなる継続を決定できるのは、特別な党大会であるけれども、こうした党大会の開催は「不可能にされている」[27]、と。だが、それはナチズム体制のために不可能にされたのか、それともほとんどの幹部会員たちが自らの職務を放棄して逃走したために不可能になったのかという肝心な問いを曖昧にしたものでしかない。

6「自由な政府綱領」

一九三二年に自由経済同盟FWBはコムブルクで大会を開催し、ドイツにおける脅威的な状況についての最後の弁明を行った。そしてこの同盟大会は、ナチズムに反対する連続的集会の開催を決議すると同時に、フィジオクラート闘争同盟との合同への進路をとることをも決議したのであった。

一九三二年秋のパーペン政府の危機をうけて、自由経済同盟は包括的な意見書――最初は帝国宰相としての将軍への提出が考えられていたのだが――を作成した。そして同盟はその意見書を「自由な政府綱領」というタイトルで公表し、ドイツの政治家に送付したのであった。このような活動は、自由経済同盟FWBがパーペン政府を「必要とあれば同盟員の署名活動や獲得活動によって支援する」ことをその目的とするものであった。こうした「自由な政府綱領」に基づいて、同盟の幹部会は、帝国大統領ヒンデンブルク宛のひとつの電報の中で彼に次のことを要請したのであった。

原則的に考えれば、経済と政治の領域で新しい道を歩む意志をもった人物にだけ次の政府活動を付託すべきである。なぜならば、これまでのすべての計画は、生産的国民にとっては公正なものではなかったからである。[28]

この意見書は、四つの問題を論じていた。それは、経済危機と失業、公的予算の不足、ドイツ国民の内政的自由そしてその対外的平等権といった四つの問題である。この意見書によれば、突然のインフレーションは有益な結果をもたらした。なぜなら、このインフレーションは、何百万人もの帰還した兵士に仕事を与え、貨幣流通の迅速化に尽力したからである。今や、進歩した供給技術に対応する需要技術が開発されなければならない。このような目的の実現に必要となるのは、流通強制のある貨幣である。そのような貨幣を導入できない場合には、帝国マルクRMと併存するレンテン・マルクBMが導入されるべきである。こうしたレンテン・マルクが導入された場合には、帝国マルクは、レンテン・マルクの蓄蔵を阻止するための「上位貨幣となるだろう。[29]」因みにいえば、貨幣発行の基準になるのは、平均的物価水準以外のいかなる基準も存在していない、と。以上のような内容であった。

一九三三年の聖霊降臨祭の日に、ボンですべての自由経済主義者とフィジオクラートを結集した大規模な活動者会議が開催された。だが、一九三三年の復活祭の日に予定されていたハンブルクでの自由経済同盟大会、そしてフィジオクラート闘争同盟が開催を予定していた会議などは、ナチ当局によって禁止されたのであった。ここで、注意しなければならないことは、こうした禁止は、自由経済同盟のあらゆる活動の禁止を意味するものではなかったということなのである。

原　注

（1）Gustav Landauer, Aufruf zum Sozialismns, Köln 1923, S. 121/22
（2）Wolfgang Leonhard, Völker, hört die Signale
（3）An alle! Das Proletarische Finanz- und Wirtschaftsprogramm des Volksbeauftragten der 1. bayrischen Räteregierung Silvio Gesell. Berlin 1919, 1. öffentl. Bekanntmachung, S. 5
（4）Rolf Engert, Silvio Gesell in München 1919, Hann. Münden (jetzt Lutjenburg) 1986
（5）Über den Sozialistischen Freiheitsbund mehr in: Zeitschrit für Sozialökonomie Folge 71 (1986), S. 34
（6）Silvio Gesell, Die Diktatur der Not, Erfurt 1922
（7）siehe das Polenske-Portrait des Verfassers wie Anm. 2 zu Kapitel II. und FW 12-1920
（8）Protokoll in FW 10-1921
（9）Politisches Programm des Freiwirtschaftsbundes in FW 5-1924
（10）Dokumentation, telos-Sonderdruck Nr. 8, S. 5
（11）ebenda
（12）ebenda, S. 6

（13）FW 5-1923
（14）FW 6-1923
（15）FW 5-1923
（16）Was will der FWB-FFF? (Flugblatt)
（17）Gesells Leitsätze in FW 8-1924
（18）Freies Volk Nr. 17-1924
（19）FWB Mitteilungsblatt 5
（20）Wilhelm Beckmann, Die Partei der Arbeit, Hamburg 1925, S. 9
（21）Peter Benders Progammentwurf: Wie kann der Freiwirtschaftsbund seine Forderungen verwirklichen? FWB-M1/28, S. 17
（22）FWB-M April/Mai 1929
（23）Hugo Luczak, Geschichtliches zur FFF-Bewegung in Deutschland, S. 41
（24）Eugen Graske, Der politische Freiheitskampf gegen Kapitalismus und Marxismus, Erfurt 1932, S. 43
（25）ebenda, S. 43
（26）ebenda, S. 47
（27）Letzte Politik 28-1933
（28）Das befreiende Regierungsprogramm (Denkschrift des FWB), Vorwort
（29）ebenda, S. 47/48

第五章　フィジオクラート派の基本的潮流

1　フィジオクラート闘争同盟ＦＫＢ

フィジオクラート闘争同盟 Fisiokratischer Kampfbund: FKB は、一九二四年五月の自由経済同盟［ＦＦＦ］の分裂から誕生した。このフィジオクラート闘争同盟ＦＫＢは、自由経済同盟の会員、機関誌、金銭、事務所などの相続すべき全財産を手に入れるために、分裂後も最初のうちは引き続き自由経済同盟ＦＷＢと名乗っていた。だが、自由経済同盟ＦＷＢのすべての地域グループに送られた最初の回状――この回状にはティム Timm とシルバッハ Cilbach のサインがあった――が示すように、フィジオクラート派の綱領を認めようとしない会員はそこから排除されたのであった。

それでもフィジオクラート闘争同盟ＦＫＢは、一度たりともフィジオクラート派の全員を獲得することに成功しなかった。そのために、フィジオクラート闘争同盟は、「穏健な市民的改革派組織」を自称した再建派自由経済同盟と鋭く分岐することになってしまったのである。そのことは、もちろん、フィジオクラート闘争同盟がＮＷＯ内部のプロレタリア派の、意識的な革命的中核組織であるという彼らの自己了解を示すものでしかなかったのだが。

ゲゼルは、フィジオクラート闘争同盟に対して次のような期待を抱いた。「フィジオクラート闘争同盟は大衆運動に発展し、この大衆運動の中でフィジオクラート闘争同盟に所属しているプロレタリア的分子が絶えず支配的になっこのような思想的枠内においてゲゼルは、教会と国立学校は「大衆を愚鈍化させるための」制度であると主張したのである。つまり、ゲゼルにとってはフィジオクラート闘争同盟は、大革命を引き起こそうとする組織であり、その目的も、ゲバルトによって政治的権力を奪取することにあった。というのも、ゲゼルにとってゲバルト以外のいかなる手段ももはや成功を約束するものにはならなかったからである。けれども、ゲゼルは大衆が性急になることをも警戒した。彼は言う。「大衆はなお分散しているために、なによりもまずフィジオクラート派の指導の下に闘争の準備をする必要がある、否、まず最初に大衆の圧倒的大多数をフィジオクラート闘争同盟に結集させる必要がある」、と。

こうしたゲゼルの壮大な計画は、フィジオクラート闘争同盟が自由にできる僅かな手段とは甚だしい不均衡の状態にあった。またこうしたゲゼルの壮大な計画は、労働者層の内部になお根付いているような、彼らの政治的心情を根本的に改変するには不十分な同盟の能力とも甚だしい不均衡の状態にあった。このような実相とは関係なく、以前の自由経済同盟の会員の九〇%はゲゼルの立場に立つことになったけれども、それでも彼が当初獲得した会員数は一五〇－二〇〇人程度にすぎなかった。そのために、回状を出すための郵便代にも事欠く有様だったのである。

このようなフィジオクラート闘争同盟の弱点は、自由経済同盟の組織形態よりもより有効である新組織形態によって是正されるべきであった。かくして地域グループに代わって一〇人同志制度が、また幹部会に代わって行動委員会が（いずれも紙の上で）生まれることになったのである。そしてその行動委員会の委員としてシルビオ・ゲゼル、ブーア・ズーレン Bur Suhren、ハンナ・ブリューメンタール Hanna Blumenthal の三人が選出されたのであった。その結果、連邦主義と集権主義との均衡が取れたかように思われたのである。それでも、ティムは組織問題は解決不可能な問題であると見なし、両者をうまく均衡できるような人はほとんどいないと述べたのであった。かくして、今やゲゼルはフィジオクラート派の運動の先頭に立つことになったのである。そして彼は、「どうしてうまくいかないはずがあるだろうか」と述べ、一九二四年九月にフィジオクラート闘争同盟に［正式に］加入したのであった。

けれども、ゲゼルは行動委員会の会議にはほとんど出席できなかった。彼は、またもや長期にわたりアルゼンチンていくにちがいない」、と。それゆえに、彼は次のような主張をした。「自由経済同盟の雰囲気を規定しているばかりか、その反革命的心情から自由経済同盟の直接行動を妨げているのは、自由職業の人々、すなわち教師、化学者、技師、セールスマンなどの人々である。そうであるがゆえに、彼らは、ＮＷＯ運動の中核となってはならないのである。つまりフィジオクラート闘争同盟の社会的構成は自由経済同盟とはまったく逆の社会的構成にならなければならない(1)。もしそうならない場合には、このフィジオクラート闘争同盟から期待できるのは、内紛と政治的無力以外の何ものでもないだろう」、と。事実、ゲゼルは、フィジオクラート闘争同盟の行動委員会において「われわれがプロレタリアートのところで十分な磁場を築くまでは」市民層の中での同盟員の獲得を中止すべきであるという決議を採択させたのであった。さらに彼は言う。「現存の労働者政党であるドイツ社会民主党ＳＰＤとドイツ共産党ＫＰＤは、粉々に破壊されねばならない。なぜなら、その破片が『統一フロント』形成のための素材になるからである」、と。

このようにして、ゲゼルは、プロレタリア的‐社会主義的「統一フロント」という解決策を再び提起したのであった。彼によれば、今や、こうした「統一フロント」は、フィジオクラート闘争同盟によって実現されるべきなのである。そのように考えたからこそ、ゲゼルはフィジオクラート闘争同盟に入会したのであった。だが、ゲゼルは、様々なフィジオクラートたちによって表明されたブリューメンタールの「全般的収用」（と新分配）という要求を「ボリシェビィキ的」として拒否したのであった。なぜなら、解放された下僕から真の自由な人間を作り出すためには、こうした人々は、まず最初に自らを漸次より高度な文化的形態やより高度な社会的形態に向上させることを可能にさせる所有、自立そして自己責任などを習得していかねばならないと考えたからである。そしてゲゼルは、その他のフィジオクラートたちが敵を政治的に弱体化させるという目的のために掲げようとした生産手段の広範囲にわたる社会化の要求に対しても反対した。なぜなら、没収した生産手段が国家――この場合にあっても国家は漸進的にかつ根本的に解体されなければならない――に引き渡される前に、つまり、すべての労働者指導層の強化と腐敗が生じる前に、この生産手段が「個々人に私有されること(2)」の方がより良いと考えたからであった。

に渡航したからであった。それゆえに、この三頭委員会は長期にわたって機能することがなかったのである。また、いかなる決議の採択に際してもゲゼルの意見を無視することができなかった。そのために、その決議と実行は先延ばしにされることとなってしまったのである。だが、フィジオクラート闘争同盟が自由経済同盟の組織的権力を掌握するのに伴って、このフィジオクラート闘争同盟の機構は著しく強化されることになった。たとえば、フィジオクラート闘争同盟よりもはるかに規模の大きかった自由経済同盟の事務局が二人の人間で十分だったのに対して、フィジオクラート闘争同盟の事務局は、すでに一九二五年には四人の人間から構成されていたことからも、そのことは明らかだろう。［一九二五年段階の］フィジオクラート闘争同盟の事務局の構成は以下の通りであった。

議長：ハンス・ティム
会計：ジグマール・シルバッハ Sigmar Cilbach
議長代理：マルティン・ホフマン
会計代理：グレーテ・ジェルマン Grete Siermann

この構成からも分かるように、ハンス・ティムが事実上の「書記長」であった。ティムは、シルビオ・ゲゼルをフィジオクラート闘争同盟の人寄せ看板にしつつ、ゲゼルとの立場の一致を持続させることに成功したのであった。他方、ゲゼルは、組織問題に再び従事しないですむことになったことを喜んだように思われる。もし彼がそのことを喜んでいなかったならば、彼は、きっと自分を人寄せ看板にしていることに抗議しただろう。

このようにして誕生したフィジオクラート闘争同盟は、反議会主義的な立場を取り、直接行動という道を歩んだ。だが、この直接行動を成功裏に利用できるのは、階級意識のあるプロレタリアートだけである。ゲゼルは言う。

どんな闘争も、「最終決戦」の前に閲兵式が先行する。その際の閲兵式とは、ますます多くの活動グループが加わっていくところの、闘争の準備の状態を測定するための期限付きの部分ストライキや貨幣ストライキのことである。それらによって啓蒙が十分に進展していることが示されたならば、われわれの敵に最後の、そして決定的打撃を与えることができるだろう。したがって、すべての指導者は、無条件でフィジオクラート闘争同盟の綱領に立脚する義務をもっている。そして政治権力を掌握したならば、すべての内的な意見の相違といったことなどはもはや問題とならなくなるだろう。しかるに、こうした政治権力の委譲をもたらす最終決戦は、包括的な組織的ゼネラル・ストライキの形態を取るものとなるだろう。そしてこの闘争においてプロレタリアートの勝利を促進するあらゆる手段は、正当なものとなるだろう。(3)

さらにゲゼルは言う。

フィジオクラート闘争同盟は、革命へのすべての抵抗が打破されるまで、長期にわたって存続すべきである。その期間、プロレタリア的闘争組織――それはフィジオクラート闘争同盟という外見を取る――は「全能の独裁権」を有する何人かの個人を提供し、彼らに自由貨幣‐自由地綱領の実行を委ねることになるだろう。こうした独裁が導入された後には、プロレタリアートはどうなるのか。「独裁の導入後、すべての者は等しく通常の労働に戻ることになる。だが、そうなっても、全権委員は、彼らに必要と思われるあらゆる手段を利用することができるだろう。しかるに、こうした独裁は、フィジオクラート闘争同盟の綱領が実現されるや否や、消滅することになる。

ハンス・ティム――彼は、世界観的出自によれば、シュティルナー主義者であった――は、国家に宣戦布告するとともに、なによりもまず自らの同盟が国民の多数派を獲得しなければならないという自由経済同盟のテーゼに反対した。ティムにとっては断固たる決意をもった闘争者たちの多数派を獲得すれば、それで十分であった。だが、ティムは、フィジオクラート闘争同盟を共産主義からはもとより、アナーキズムからも疎遠な組織にした。なぜなら、共産主義者が強制的手段によって人間を良き存在に教育できると、つまり、強制的手段によって最終的に救済をもたらすことができると、信じているのに対し、アナーキストは、あらゆる強制的手段の廃絶によって「人間を等しく自由な存在にすることができる」(4)と信じているからである。つまり、両者とも人間のエゴイスティシュな性質からではなく、彼らの理想から出発している点で、失敗せざるをえないだろう、と。それにもかかわらず、ティムは、アナーキストへのシンパシーを次のように示唆した。「アナーキストの見解は、共産主義者の見解よりも『はるかに正しいものである』」、と。

しかるに、フィジオクラート闘争同盟が誕生したのは、「ゲゼル派の多くの人々が」新しい革命の前にいると信じたからであった。たとえば、フィジオクラート派のアドルフ・ハインケ Adolf Heinke は次のように書いている。「われわれの大砲の弾を力強く打ち込めば打ち込むほど、それだけいっそう早くわれわれは疾風怒濤の時代を迎えることができるだろう」、と。ここで彼が「大砲の弾」と呼んでいるのは、フィジオクラート闘争同盟のビラのことにほかならない。ハインケは、こうしたビラがプロレタリア解放闘争に直接的かつ激励的に作用するものになるだろうというのである。こうした例からも明らかなように、ここではフィジオクラート闘争同盟は、労働者階級の前衛的組織と理解され、この組織に独裁権を与えることが要求されたのであった。そのような要求に対応して、フィジオクラート闘争同盟はあらゆる工業部門での経営別労働者組織の建設に全力を傾注したのであった。けれども、そうした経営別労働者組織の建設は、ルール地域の若干の大経営においてだけ成功したにすぎなかったのである。

ところで、このようなフィジオクラート闘争同盟の規約は、僅か六つのパラグラフから構成されていたにすぎない。その第二条は次のような内容だった。

同盟員は、それぞれ自立的な闘争グループに所属し、この闘争グループが、またもや自由かつ独立の地域グループを構成する。そして一〇人の同盟員ごとに一人の代議員を同盟大会に送ることができる。[5]

かくして、フィジオクラート闘争同盟の基本単位となるのは、闘争グループ、つまり一〇人同志制度であった。そのことに関連して、この闘争グループの指導者はグループ内部の選挙で選出されるべきかそれとも自発性によるべきかについては長期にわたる議論がなされた。それでも、この一〇人同志制度は、家賃を払わなければならない地域クラブ用の部屋に代わって私的住居での会合を可能にした。またそのことは、個人的関係と相互の信頼の強化とを促進するものにもなった。というのも、小さな共同体では同盟員たちはよりいっそう親密になることができたからである。最後に、この一〇人同志制度は迫害の時代には迫害をうけた同盟員が比較的容易に潜伏することを可能にしてくれるものだった。

けれども、闘争グループというイデーは、――活動家は闘争を体験するごとにますます少数になっていくにもかかわらず――すべての同盟員がアクティブになるということを前提条件とするものであった。そればかりでなしに、彼らの自発性ということもまた、その前提条件とされたのである。

たとえば、フランクフルト・アム・マインの一〇人同志制度は、都市部の各地域グループの細分化から形成された。(逆ではない。) 彼らは、一週に一－二回随意にその同盟員たちの様々な私的住居に集まった。「エピキュール」(ハンナ・ブリューメンタールの革命家名) は一〇人同志制度を、自発的に認めた権威には従うけれども、政府を無力にしてしまうような無支配の組織の中核であると理想化したのであった。彼女は言う、「この一〇人同志制度は、党の内部で『党を溶解し、そして党を爆破する』[6] ために党の内部に侵入していかねばならない」、と。

フィジオクラート闘争同盟の組織的方向性は、自由経済同盟と同様に、地域主義を基礎とするものであった。

一九二四年一一月九日にエッセンで初めて一六の地域グループの代表者からなる西部邦国同盟Landes Verband Westが形成された。このエッセンの会議は、主として以前のラインとルールのフィジオクラート闘争同盟――その組織は、一九二四年一〇月四日に解散したが――を合一させるものだった。会議の結果、その構成員の一部は自由経済同盟に戻り、他の部分はフィジオクラート闘争同盟に加入することになった。その際、リヒャルド・バッツRichard Batzは、無益にもフィジオクラート闘争同盟への集団加入に賛成した。「無益」というのは、エッセン会議は、次のような決議、すなわち「マイスター・ゲゼル」に忠誠の誓いをたてるとともに、このエッセン会議に結集したフィジオクラートが、「いかなる条件のもとでもゲゼルの明晰な解放理論の歪曲あるいは緩和化に同意しないばかりか、最後の解放闘争が遂行されるまで、ゲゼルの認識の光をさらに広げ、不正と抑圧に反対する怒りの炎を燃え立たせることを弛みなく行う」(7)という決議を採択したからであった。だが、この決議の内容は、宗教社会学的なものであり、政治的現実を無視したものだった。その決議の中に垣間見えるのは、革命への熱狂的な期待であった。だが、革命は起こらなかった。それゆえに、鬱積された革命的エネルギーは、フィジオクラート闘争同盟の内部に向かうことになったのである。かくして蓄積された革命的エネルギーは、フラクション間の争いに転嫁することになった。

2 プロレタリア・ブロックPB

一九二六年七月に、フィジオクラート闘争同盟FKBの西部邦国同盟会議が開催され、その会議において政治的方針をめぐる激しい論戦が交わされることになった。マルティン・ホフマン(ディオゲネス)を中心とした左翼反対派は、前もって準備してきた四項目宣言を提出した。その中で、彼ら左翼反対派はティムの指導方針における「無階級的考察方法」――それは実践的には「ブルショアジーを支持するもの」であり、また同時に「抽象的個人を出発点とするものでもある」――を批判したのである。左翼反対派は言う。「フィジオクラートはプロレタリアートの階級的立場に立脚し、その活動においてもプロレタリアートの階級的利害に基礎を置かなければならない」、と。さらに左翼反対派は、この四項目宣言の中で次のように主張した。

われわれは、プロレタリア階級の中に、われわれが資本主義社会を破壊するのに必要となる道具を見るばかりでなしに、われわれが熱望する無階級社会の担い手をも見るのである。(8)

左翼反対派は、このような四項目宣言を提出した後に、一団となって議場を去り、別の場所でティム派を排除したフィジオクラート闘争同盟(プロレタリア・ブロック Proletarischer Block im FKB: PB)を結成したのである。

事実、フィジオクラート闘争同盟ＦＫＢはプロレタリアートを、自らが権力への扉をこじあけるための道具としてだけ、すなわち自らの革命的城塞としてだけ利用しようとしたにすぎなかった。彼らによれば、このフィジオクラート闘争同盟が権力への扉をこじあけた後には、プロレタリアートは再び自らの仕事場に戻って、彼らの助力によって選出されたフィジオクラート派の全権人民委員による統治に服すべきである、と。こうしたフィジオクラート闘争同盟の構想をプロレタリア・ブロックは、破砕したのであった。そして彼らは単に次のように批判した。「それは誤りかつ利己的である」、と。このように見るかぎり、フィジオクラート闘争同盟ＦＫＢの真の中核が左翼反対派にあったということに疑問の余地はないだろう。また彼らは、同盟内において無限に続けられていく理論的討論という事態をも批判した。それにもかかわらず、彼らはその点にこそフィジオクラート闘争同盟の優位性があると考えていたのであった。

ハンス・ティムとマルティン・ホフマンをそれぞれの中心とする二つの傾向は、ともに一九二四年五月に採択されたフィジオクラート派のベルリン綱領に依拠していたという点では同じであった。それにもかかわらず、この両者の対立は、調停不可能なものに見えた。こうしてティムの陣営にはリヒャルド・バッツ、アルフレッド・バーダー、へルムート・ハーケ Helmut Haacke などが結集し、それに対し、マルティン・ホフマンの陣営にはハンス・シューマン、クルト・ザイドラー Kurt Seidler、ハンス・ドルネマン Hans Dornemann その他の人々などが結集した。

今やマルティン・ホフマンは、革命家名「ディオゲネス」としてだけ登場することになった。彼はあちこちを忙しく旅行したり、講演し、そして自らの同盟の方針を示す多数の文書や小冊子を起草・出版した。このような活動に従事していた彼の眼には、マルクス主義と自由経済論は両者ともに純粋な経済理論であるとしか映らなかった。彼は言う。「レーニンは、マルクス主義の経済理論を革命的な戦略と戦術によって補完した。同様なことが、今や自由経済論の場合にも行われなければならない」、と。

自由経済論においてそのような補完を行うことを、ディオゲネスは自らの使命と考えたのである。彼は鋭い知性を持っていたけれども、精神的には依存体質をもった頭脳の持ち主であった。彼は言う「プロレタリア・ブロックの思考様式は、マルクスの弁証法的かつ歴史的な唯物論でなければならない」、と。

マルクス－レーニン－ゲゼル、これらの人物は、ディオゲネスによれば、社会主義の三巨頭であり、社会主義をユートピアから科学へと発展させるのに貢献した三人の偉人であった。ゲゼルは、アルゼンチンにいたためにプロレタリアートの革命的役割を見逃したばかりでなしに、初期のユートピア社会主義者がもっていた欠点にも陥ってしまった。またゲゼルは、マルクスの労働価値説の普遍的な正しさをも見誤ってしまった。だが、それにもかかわらず、彼の資本主義分析は深く、独占資本主義の体験に裏打ちされたものである。そのかぎりにおいて、ゲゼルは、一方でマルクス主義を弁証法的に克服しつつ、他方ではマルクス主義よりも高度な段階に立って、マルクス主義の補完を行ったのであった、と。

このようなマルティン・ホフマンに領導されたプロレタリア・ブロック PB in FKB は、創設後すぐにソヴィエト政府治下の生産的ロシア人民へのアピールの中で次のような方策を提案した。

（1）商品指数をたえず同じ水準に維持し続けるための、ロシア紙幣の統制的管理。
（2）統制的に管理された貨幣流通を強制するための、貨幣税の導入。
（3）公的競売に基づいたすべての土地の借地化とその借地化で得られる土地地代の社会的目的への使用。(9)

このアピールでは、土地地代の母親への支払いについては主張されていなかった。

プロレタリア・ブロックPBは、こうした提案の実現から次のことを期待したのである。

（1）利子と土地地代から解放されたロシアの国民経済は「必然的に繁栄し、成長する」だろう。
（2）そうなった場合、一〇％ないしそれ以上の利子をとる外国の信用に対しては即座に現金で返済可能になるだろう。その結果、「国際的金融や略奪的産業」の搾取的な「援助」は不必要なものとなるだろう。
（3）ロシア経済が活性化する結果、全世界の労働者層は、ソヴィエトに向けて次のように叫ぶだろう。「世界革命が準備され始めている。なぜなら、このような富とこのような模範的経済をもった一国民は、革命的な最終決戦に至った全世界の労働者層を鼓舞することが実際可能となるからである……(10)」。

プロレタリア・ブロックは言う。「現在のロシアでの利潤渇望は、ますます制限されるようになっている。それだからこそ、プロレタリア・ブロックは、ソヴィエトの生産的人民に次のことをお願いするものである。ソヴィエトの生産的人民が自らの政府に圧力をかけて、すべての労働者のためにロシアの国境を開放せんことを。プロレタリア・ブロックがこうした要求をするのも、今やソ連が、自由な労働者の自由なアメリカになるべきなのか、それともトラスト・マグナーテンと高度金融が支配するアメリカになるべきなのかという分岐点に立っているからにほかならない」、と。

ティム派のリヒャルド・バッツは、フィジオクラート派の雑誌『最後の政治 Letzte Politik』の中でマルクス主義とフィジオクラティーとの間に横たわっている鋭い本質的相違について語っていたが、ディオゲネスは、そのような本質的相違の存在を否認し、「マルクス主義者は、古臭くなった武器で闘っているにすぎない」と反論したのである。またホフマン派のハンス・シューマン Hans Schumann は、ティム的潮流をアナーキスト的と命名し、そしてディオゲネス的潮流をボリシェビィキ的と命名した上で、「プロレタリア・ブロックは、いかなる個人主義的な妄想とも無縁であり[11]」、「行動だけを試金石としている」と主張したのである。

他方、プロレタリア・ブロックのテーゼ草案は、とりわけすべての学校がプロレタリアートの管理下に置かれることとともに、教会の財産は完全に没収されることをも定めた。たとえば、ホフマン派のクルト・ザイドラー Kurt Seidler は、宗教を「ずっと以前の経済時代の隔世遺伝的残滓」と特徴づけ、その最終的廃棄を主張したのであった。

ところで、ディオゲネスは、マルクス主義に対しては公的に個人主義的立場を取り、一定の距離を置いていた。だが、プロレタリア・ブロックの内部で支配的となった見解は、プロレタリア・ブロックは集産主義的に行動しなければならないばかりか、高次の観点に立脚した党中央、すなわち「観察を整理し、肉体に命令を伝える頭脳[12]」を必要としているというエルンスト・ゲブハルト Ernst Gebhardt の見解であった。かくして「民主主義的集権主義」という共産主義者の政党の組織原理が、プロレタリア・ブロックでも選択されることになったのである。

その後プロレタリア・ブロックは、これまで独立的に存在してきたフィジオクラート連合のベルリン・グループの吸収に成功するとともに、革命的青年団（RJR）の支持をも獲得したのであった。その事務所はエッセンにあったために、フィジオクラートたちの最初の「帝国会議」はエッセンで開催されることになった。そしてこの「帝国会議」でエッセン地方の指導者が初めて「選出」されることとなったのである。――それまでは、彼らは上から任命されていたのであった。――またこの「帝国会議」は、フィジオクラートのインターナショナルの設立をも決議した。そして彼らは、政治集会（や決議）の中で、全世界のすべての「金銭的支援をしてくれる同志たち」に次のように訴えた。「階級闘争は、資本主義によって条件づけられた、存在をめぐる闘争形態であり、その原動力となるのは、すべての個人主義的かつ社会的行動である」、と。

しかるに、プロレタリア・ブロックが世界的規模のフィジオクラートのインターナショナルの設立を決議した時、プロレタリア・ブロックは、当初一四の支持者グループや地域グループしか有していなかった。つまり、プロレタリア・ブロックの支持グループはなおドイツに制限されたままでしかなかったのである。

以上、こうしたプロレタリア・ブロックを簡潔に規定するならば、それは世界ボリシェビィズムのフィジオクラート的変種（この変種は、ニーキィシュ Niekisch その他の人々の国民的ボリシェビィズムとも異なっていた）であったということができるだろう。

他方、このようなプロレタリア・ブロックを「分裂主義者」と非難するドイツ共産党ＫＰＤに対しては、シューマンは次のように反論した。「モスクワの金融人民委員が財政的理由から資本主義的な金本位制を廃止するや否や、われわれは分裂に着手することになるだろう。そしてロシア革命は、ゲゼルが受け入れられるようになるまで、さらに進展していくだろう」、と。

こうしたプロレタリア・ブロックを特徴づけるのは、以下の諸点である。プロレタリア・ブロックを構成する人々は、自らの仲間を「同志」と呼んだこと、産業的大経営は、革命を確実なものとするために没収されるべき存在と見なしたこと、プロレタリア・ブロックでは「個人の自由」よりも、「プロレタリアートの連帯」を重視したこと、帝国国防軍は解散して、ドイツ赤軍に置換されるべきであるとする要求やすべての教育制度はプロレタリア国家の掌中に握られるべきであるとする要求が掲げられたこと、更に、プロレタリア・ブロックの目標計画として、国家機構のあらゆる重要な職務には「信頼のおける」フィジオクラート（「信頼のおける」ということは、ディオゲネスの観点からはプロレタリア・ブロックに所属しているということであった）を据えることが定められたこと、こうした諸点である。

けれども、プロレタリア・ブロックの構成員数は、最大に見積もったとしても二〇〇－二五〇人を越えることがなかった。したがって、その実数は、ドイツ国内の人数にスイスとアメリカ合衆国の若干のシンパを加えたものでしかなかったのである。

［このようなＮＷＯ運動の分裂にともなって女性たちの立場も分裂するに至った。］ベルタ・ハイムベルクが自由経済同盟ＦＷＢを支持し、ハンナ・ブリューメンタールがフィジオクラート闘争同盟ＦＫＢを支持したのに対し、ルイーゼ・ドルネマン Luise Dornemann はプロレタリア・ブロックＰＢを支持した。［こうした分裂のために］彼女たちは女性組織の建設に協力したけれども、ひとつの小さな女性組織しか建設できなかった。

このようなプロレタリア・ブロックは、一九二六年から一九二八年までのわずか二年間存続したにすぎず、その後は、跡形もなく消え去ってしまったのである。

3　自由なエゴイスト派 Die Fregosten

フィジオクラート闘争同盟ＦＫＢ内の他方の極には、プロレタリア・ブロック PB in FWB の集権主義や規律などを堪え難いものと感じている自由なエゴイスト派 Die Fregosten が存在した。彼らは、例外なくマックス・シュティルナー主義者であり、シュティルナーの主著『唯一者とその所有』を彼らの福音書と見なしている人々であった。アナーキズムの周辺部にいた個人主義者と同様に、彼らの多くは一匹狼であるか、または自治主義的心情をもっているという点で彼らにもっとも近い組織であったフィジオクラート闘争同盟ＦＫＢの周辺部で緩やかなグループを形成していたかのどちらかであった。後者の場合でも、彼らは、もちろん、フィジオクラート闘争同盟の会費を払うこともなかったし、その運動に動員されることもなかった。その代わりに、彼らは弛むことのない論争家として積極的に理論闘争に関与したのであった。その際に、彼らが関係するすべての理論闘争はたえず自発的なものであり、自分自身に関係するものであった。つまり、彼らの神は、大文字のＩＣＨだったのである。

こうした自由なエゴイスト派は、まったく束縛のない生活を送るという「大きな自由」のために「小さな自由」を軽蔑した。彼らにとってエゴイズムこそ、反ドグマティズムの最後の砦になりうるものであった。したがって、彼らは、「たえずそしていたるところで自分の名前で語ったのである。」（エンゲルト）つまり、彼らは、自らの生活の完全な自己管理ということを表明しようとしたのであった。だが、それと同時に彼らはゲゼリアンでもあったし、また広義の意味での「フィジオクラート」でもあった。そうした彼らはフィジオクラート闘争同盟ＦＫＢから分裂することなしに、このフィジオクラート闘争同盟ＦＫＢの内部に自らのサークルを形成したのである。

たとえば、こうした自由なエゴイスト派のサークルは、ベルリンの南西部にあったので、「ＳＯ－自由なエゴイスト派 So-Fregosten」と呼ばれることになった。彼らは、毎第二水曜日と毎第四水曜日に講演と討論のために集まった。その責任者は、マックス・クレナー Max Klenner であった。またドルトムントでも、一九三二年一月頃から自由なエゴイスト派は、毎土曜日ごとにフィジオクラート派や自由経済派の人々と定期的に会合を開いたが、そこではこの三つのグループの報告者が次々と自らの報告を行うことになった。たとえば、一九三二年一月二四日に自由なエゴイスト派のビルニッツアー Birnitzer は、「Ich－意識」についての報告をした。だが、一般的に言えば、こうした自由なエゴイスト派は特別な潮流として登場することはなかった。むしろ彼らは、自らの人数よりも自らの影響力の方をはるかに重視していたように思われる。

こうした自由なエゴイスト派のスポークスマンでありイデオローグであったのは、ロルフ・エンゲルトであった。彼は、第一回ヨーロッパ大陸の個人主義会議に出席し、その機会に「シュティルナー哲学の実践的表明としての自由経済」を講演した。このタイトルがすでにすべてを物語るものであった。エンゲルトによれば、シュティルナーは、労働運動の中に、すなわち「主要なものの中に朧気なエゴイスティシュな本能が、そして稀な場合にだけ明確なエゴイスティシュな意識が作用しているにすぎない(14)」ということを認めていた。エンゲルトは言う。「フィジオクラート的‐自由経済派的運動が初めてこのような『エゴイスティシュな意識を明確化させることができるのである』」、と。「そこでは、共産主義と社会主義は問題とならない。なぜなら、経済は完全に個人主義的に、つまり個々人の利己心に基礎づけられているからである。……」[15]他の箇所でもエンゲルトは、「ゲゼルは自然的経済秩序、すなわち彼の経済制度をエゴイズムの原理の上に基礎づけている」と述べたのである。

こうした主張とともに、エンゲルトはＮＷＯ運動においても明晰にされないまま、その解釈において深刻な対立を生んできた議論をも取り上げたのであった。その議論とは、エゴイズムか利他主義か、利己心か公共心か、個人主義か社会主義かという議論だった。この議論は、ＮＷＯ内の様々な組織において対立を生んでいた。それでも、エンゲルトらの自由なエゴイスト派の形成とともに、急進化したＮＷＯ運動が、フィジオクラート的潮流の個人主義的哲学によって、とりわけ自由なエゴイスト派が育んできたフィジオクラート闘争同盟のエゴイズムによって、座礁することはなかったのである。

原　註

（1）Silvio Gesell, Die Allgemeine Enteignung im Lichte der physiokratischen Ziele, Potsdam 1925, S. 55
（2）ebenda, S. 7
（3）FW 10-1924
（4）FW 11-1924
（5）FW 10-1924
（6）FW 15-1924

［訳者注：第五章の原注の（7）から（15）は、本書印刷の段階で消失したものと思われる。学術研究書としては問題を残すけれども、第五章の原注の（7）から（15）が消失していても、本書の内容を変更するものとはならないと訳者は考えて、本訳書では消失のままにする措置をとった。なお（13）は本文中に見出されない。］

第六章　ＮＷＯ運動の国民主義的‐民族主義的潮流

本章の中心人物となるのは、パウル・ハーゼ Paul Hasse である。だが、彼の詳しい来歴については、ＮＷＯ運動のあらゆる潮流の主要な担い手たちへの私の聞き込み調査にもかかわらず、重要な点についてはほとんど何も聞き出すことができなかった。今の私に分かっていることは、彼は、ヴィル・ノエベのサークルから登場し、ノエベの『自由経済新聞』においてジャーナリストとしての頭角を現したということ、そして彼が自らのグループ形成に際して非凡な指導的才能を発揮したということ、この三点だけである。

ドイツの、多数の民族主義的グループの中には、否、ルーデンドルフ主義者のもとですら「自由経済主義者 Freiwirt」は存在していた。だが、ＮＷＯ運動の内部に国際主義を排除した特別な民族主義的組織を建設しようと決意したのは、パウル・ハーゼだけだった。ハーゼが建設した民族主義的組織は、マックス・シュティルナーの哲学的影響に対してはもとより、個人主義的な自由なエゴイズム派に対しても反対の立場を取るものであった。このような民族主義的組織の建設にともなって、ＮＷＯ運動の領域内にも「保守革命」――国民主義的存在を保持したままの社会の形態転換――という思想が定着することとなったのである。

ハーゼにとって人間は、その魂の在り方の点で、二つの相対立するグループに分類される。一方のグループは「われわれの秩序」を建設しようとするグループであり、他方のグループは「私の秩序」を建設しようとするグループである。だが、ハーゼによれば、「私」感情がどれほど本源的なものであっても、「われわれ」感情だけが価値ある人間たちを全体のための自己犠牲に向かわせることができるにすぎないのである。彼はそのことを次のように言う。「このように人間の全文化と全社会組織の形成は、「『われわれ』感情に依拠するものなのである」、と。

このハーゼが理想としたのは、民主主義に基づく貴族制であった。彼はそれを最良の人物による指導と、つまり、すべての人々に飛躍の可能性を与えられる人物による指導と、理解したのであった。その際、彼にとって重要だったのは、より良い貨幣制度の問題とともに、二〇〇〇年の時が経過する中で北方民族に壊滅的作用を及ぼしてきたすべての異人種的影響からの北方民族の魂の解放という問題であった。そのような観念からハーゼ——彼は自らを詩人と見なしていたのであるが——は、次のような「ドイツの未来」という詩を書いた。

〈ドイツの未来〉

武器よりも強力なものは、たえずドイツ精神の中から誕生してくる思想である。

異邦人は、この思想に直面して動揺するにちがいない。

今日、お前たちは恥知らずにもドイツという異国にいるのだ。

今回もドイツの思想そしてドイツの行動がお前たちを救出するだろう。

この詩は、パウル・ハーゼの思考様式——その思考様式の内部で彼の精神が騒々しく動き回っているのだが——をよく示している。つまり、そのタイトルが語っているように、この詩の中に奏でられている基調音は、パウル・ハーゼが敗北を蒙った国民の救世主の登場、すなわち第二のアルミニウスArminiusの登場を求め始めているということであった。そのことはなんら驚くべきことではないだろう。したがって、次なる彼の見解となるのは、人神の国ドイツという意味でのドイツ信仰である。

ハーゼによれば、本源的な生物学的世界観に忠実でない民族は、その後に生じるところの、彼らの生活と思想のメカニック化という刑罰を受けて衰退していくことになる。ハーゼは言う。「したがって、衰退したくないならば、彼らは、自らの起源へと立ち戻らなければならない」、と。このようにドイツ民族を衰退から守ること、それをパウル・ハーゼは自らの任務と見なしたのであった。

こうした目的のために、ハーゼはゲゼルの経済理論によって民族主義的世界観の補完をすると同時に、民族主義的世界観によってゲゼルの経済理論を補完しようとしたのである。そのかぎりにおいて、彼はこの二つの思想を架橋させた者と見なすことができるだろう。彼はそのことを次のように述べている。「アーリア民族という意味でのイデーの明晰化はすでになされているけれども、経済の点ではなおメカニックな反自然状態が支配している。だが、ここでも生物学が勝利するや、ドイツの生命観の勝利がいつになるのかという時間だけが問題となるにすぎない。シルビオ・ゲゼルは、もちろんわれわれにとって重要な彼の経済理論にプロレタリア的と称するがらくたを混ぜ合わせているために、その価値をかなりの程度減じているのである」、と。このような主張からも分かるように、ハーゼもまた人種理論の影響を［色濃く］受けていたのである。

われわれは、今やＮＷＯ運動内部の国民主義的－民族主義的傾向の出発点ならびにその初期の歴史へと向かうことにしよう。

１　ＮＷＯ運動内部の民族主義者たち

ほとんどすべてのヨーロッパの国々に国民主義的 national 運動は存在していた。だが、私の知るかぎり、民族主義的 völkisch 運動が存在していたのはドイツだけだった。この運動は大ドイツ主義的なもの、かつ全ドイツ主義的なものであった。新しい帝国が設立される際にも、またドイツ領土が併合される際にも、そのように考えられていたのである。この運動が宣言した目標は、「『ゲルマン的血統に基づいたドイツ人の生命の内的革新』[1]のために、法、倫理、芸術そして宗教などの全領域で異人種の影響から脱却し、自らを純化しなければならない」、というものであった。その際の「民族共同体」とは「血縁共同体」のことを意味した。他方、民族主義者たちは、自らの敵をフリーメイソン、ユダヤ教徒そしてカトリックの世界教会といった三つの「超国家的権力」に見たのであった。そして彼らは、ゲルマン人種に特有な国家形態、経済秩序そして宗教などを望んだのである。したがって、彼らは次のように主張した。「ローマ法は、ドイツ法に置換されなければならない」、と。

こうした民族主義的思想は、部分的には国民主義的運動――その主要目標は、ヴェルサイユ条約の改正ないしその打破だった――にも浸透し先鋭化させたけれども、それをよりいっそう先鋭化させたのはシュレージェンの国境闘争やラインの分離主義者に反対する闘争そしてフランス占領軍に反対するルールの抵抗闘争などの民族主義的運動であった。もとより、こうした民族主義的運動には、一九二〇年の夏にチューリンゲンを演奏したり踊ったりしながら行進したフリードリヒ－ムック－ランベレティのような行進も含まれていた。

しかるに、ドイツの民族主義の本質はどこにあったというのだろうか。それは、民族を、物質的有機体――そこではすべてのドイツ人は民族の細胞と見なされ、ゲルマン人の遺産を相続した存在と考えられていた――と見なす点にあったといってよいだろう。民族主義者は言う。「けれども、このドイツの民族体は、汚され、寄生虫を付けられている」、と。したがって、こうした外的影響のために「民族体」が病気に陥っていると考える者は、浸透してきた病原菌を無害にできる手段を考えることになるだろう。だが、こうした民族主義運動の内部には、ナチスNSDAPに結集して、ユダヤ人に暴力を振るおうとする急進派の他にも、穏健派はもとより、若干の民主主義者さえも存在していたのである。後者の人々は広く、様々な人々に様々な影響を与えたばかりでなしに、ゲゼル派の右翼的潮流にも大きな影響を与えたのであった。その結果、NWO運動の内部でも植物栽培から演繹されるメンデルの遺伝理論が突如人気を博するものとなったのである。

NWO内部の民族主義的潮流は、フィジオクラート的潮流の国際主義的な基本傾向と対立する中で形成されたが、その養父となった人物は、生活改善的見解を民族主義的見解と結合させたグスタフ・ジモンズ Gustav Simons であった。たとえば、彼は次のような見解を主張した。「講和運動や倫理的運動を全ユダヤ人層が支持した場合でも、この二つの運動が更なる発展を遂げた場合には、彼らは自己意識のある強力な民族の内部で溶解してしまうにちがいない十分な証拠をもたらすだろう[2]」、と。

いずれにしても、こうしたジモンズの民族主義的心情はなお穏健なものであった。彼は、多くの論文を執筆し、ゲゼルの二重改革論をいわゆる寄生者との闘争に拡張解釈した上で、こうした寄生者は「民族体」から分離されなければならないと主張したのである。

そのような見解は、部分的ではあっても、すでに一九一五年に創設された自由経済同盟 Bund für Freiwirtschaft の内部でも浮上していた。だが、ＮＷＯ運動の内部に民族主義的潮流が初めて明確な姿をとって登場したのは、一九一八年一一月革命、ヴェルサイユ条約そしてバイエルン・レーテ共和国などに直面したその後のことであった。こうしたＮＷＯ内部の民族主義的潮流は、一九一九年に雑誌『ドイツの自由経済』を発刊したが、この雑誌を特徴づけているのは、彼らがゲゼルとは反対に「ドイツの」自由地にだけ関心を抱いていたということである。この雑誌は次のように主張した。「国際主義が拡大するとともに、この国際主義を阻止する課題をもった民族主義的力が衰退してしまうだろう」、と。

こうしたＮＷＯ運動内部の国民主義的－民族主義的潮流は、ゲゼルを引き合いに出したばかりでなしに、彼らの内奥ではゴットフリード・フェーダー Gottfried Feder ――ドイツ労働者党そして後のナチスの経済理論家――をも引き合いに出したのであった。フェーダーは言う。「われわれは、生産的な資本と貪欲な資本の間の区別をするのにしたがってドイツ国民経済内部の生産者と貪欲者の間をも区別しなければならない。この場合の貪欲な資本とは主としてユダヤ資本のことにほかならない」、と。国民主義的－民族主義的なＮＷＯ支持者たちは、このようなフェーダーの概念をきわめて中立的な態度からとはいえ、自らの利子論や土地地代論と結び付けたのであった。

しかるにこのようなＮＷＯ運動内部の民族主義的思想の主要な代表者は、エルンスト・フンケル博士 Dr. Ernst

Hunkelだった。彼の夫人マルガルトMargartは、一九一七年に「ドイツ女子園」――この「ドイツ女子園」は、エルンスト・フンケルが一九一九年に自由定住地ドンネルスハークDonershagを作ったゾントラに設置された――を設立したが、その主要な目的は、ドイツ民族の改良と生活改善という精神に基づいた、人種的に価値のある子供たちの成育にあった。こうしてフンケル博士は、グスタフ・ジモンズから継承した月刊誌『新生活』の中で、生活改善思想や自由経済思想をドイツ信仰やゲルマン第一主義――それらは、ドイツ種族の意識的な育成とその土地への定住化によって再生されなければならないとされたのであった――と結び付けたのである。

他方、フンケル博士は、月刊誌『ドイツの自由経済』の中で、シルビオ・ゲゼルが「いわゆるレーテ共和国」の大蔵人民委員に就いたことは非常に遺憾なことであるという表明を行った。そして彼は、ゲゼルの「新しい友人たち」、すなわちボリシェビィキたちに対しては、「ドイツの本質とその文化を愛するすべての人々」は徹底的に闘わなければならないと主張したのであった。彼は言う。「われわれが必要とするのは、公正さを作り出す者であって、略奪者同盟や犯罪者同盟などではない。同様にわれわれが必要とするのは、ドイツの自由とドイツの労働権の指導者であって、国際的なユダヤ謀反人やその扇動者などではない(3)。――そのことを、どうしてわれわれは理解できないのか、と。――だが、今や十年もの長きにわたって社会主義的‐共産主義的救世主という理念が大衆の鈍い頭の中に注入され続けられている。それに対し、自由経済派は長期にわたる、困難なそして弛みない啓蒙活動によってだけ勝利できるのであって、ミュンヘンのゲゼルによって即座に勝利できるものではないのである。ミュンヘンのレーテ共和国の唯一の同盟者となっているのは、ドイツ民族の厳しい窮乏状態という事態である。だが、今や遺憾ながら、貨幣改革とレーテ制度とが、なにほどか一緒くたにされているといってよい。そのような混同の中で、不明瞭な国際主義を掲げるゲゼルは、空想家でしかない。バイエルン・レーテ共和国政府への彼の軽率ともいえるような加担は、自由経済派の信用を落とし、その実現を極度に困難なものにするだろう」、と。

こうしたフンケル博士の月刊誌『ドイツの自由経済』は、一一月革命後の一年間にわたり「われわれの死去した英雄たち」というタイトルのもとに戦争に倒れた兵士たちを追悼し、「彼らの犠牲的精神は、勝利と認識に道を切り開くものになった」とその意義を称えたのであった。デュッセルドルフのハインリヒ・クレガー Heinrich Kräger は、『ドイツの自由経済』に寄稿し、次のような主張を展開した。

恐るべき複利経済という世界的癌が、まず最初にわれわれのもとで生じることになるだろう。そしてあらゆる化膿した傷口が切開され、完全に治癒されるまで、医者、つまりドイツ人の医者がわれわれのところにやって来て、懸命に治療活動をすることだろう。……一二年以上にわたりきわめて困難な年が続いているけれども、こうしたドイツ人の医者の懸命な活動によって最終的にわれわれは自由になるだろう。なぜなら、そのような治療活動がなされる場合には、マモンの活動は無力になってしまうからである。われわれドイツ人、われわれゲルマン人は、高貴な鷹や鷲のごとき民族である。したがって、われわれドイツ人、われわれアーリア人は他に先駆けてマモンの活動を無力にする事態を作らなければならないという使命を負っているのである。(4)

同誌の同じ号でジークムント・フリュキィーガー Siegmund Flückiger は、失業保険金制度に反対した。なぜなら、失業保険金制度は、労働者を無為に過ごさせてしまうことになるからである。因みに言えば、最良の産業的原資はすでに敵の手に握られている、と。

一九二一年の自由経済同盟ハノーヴァー大会で、ゲゼルは、いかなる国民主義にも反対し、ヴェルサイユ講和会議の賠償義務の履行を支持した。それ以来、彼は、――エルツベルガー Erzberger、シュトレーゼマン Stresemann そしてラーテナウ Rathenau などと並んで――「賠償履行支持派の政治家」と見なされることになったのである。

こうしたゲゼルの立場への批判的反応は、すぐには現れなかった。ようやく四週間後になって『ドイツの自由経済』は次のようなひとつのアピールを掲載したのであった。

われわれは、あらゆる運動の中で土地地代と利子の不公正な行為が当然のごとくもたらすことになる万人に対する万人の闘争に代えて、強欲者の搾取支配に反対する生産者という単一人民の闘争という構図を措定したいのである。このような構図の中でわれわれは階級国家を克服し、どのような力や権力によっても、またどのような大きなものや堅固なものによってもけっして破壊されることのない民族ブロックを形成するのである。こうしてわれわれは、われわれの民族に所属するものを引きつけ、われわれに疎遠なものを拒絶するような内的力をわれわれの民族に与えるのである。(5)

エルンスト・フンケル博士が起草したこうしたアピールには、ヘルムート・ハーケ、オットー・マースそしてリヒャルド・ホフマンなどの承認署名があった。その最初の人物は後に左翼に転向し、第二の人物はNWO運動の中庸派に転向した。けれども、当時の彼らに共通していたのは、ドイツの物質的窮乏がこの時期の主要な民族的問題であるということ、そしてこの民族的問題は強奪者に対する生産者の闘争において解決されえるにすぎないということであった。こうした見解は、ドイツの戦後状況の中では「熱帯の太陽を浴びた毒草」の如く繁茂していったのである。『ドイツの自由経済』という雑誌は、原則的には反社会主義的傾向を有するものだった。それゆえ、ゲゼルはこの雑誌への寄稿を拒否し続けたのである。またゲゼルはいかなる民族ブロックも望まなかった。彼が望んだのは、プロレタリア的「統一フロント」だけだった。

2 NWO派の雑誌『ドイツ文化の監視人』

ベネディクト・ウーレマイヤーBenedikt Uhlemayrが雑誌『自由経済』の中で国民社会主義、とりわけその経済理論家ゴットフリード・フェーダーの経済理論に批判的に取り組み始めたのとちょうど同じ時期に、『ドイツ文化の監視人 Deutscher Kulturwart』というNWO運動の一雑誌に、ウーレマイヤーの見解とはまったく正反対の見解が掲載されたのであった。それは、ゲオルグ・ショット Georg Schott の『ヒトラーの民族叢書』へのパウル・ハーゼの批評である。

そこでパウル・ハーゼは、次のように書いた。

私は、ヒトラーが正しい道を歩いているかどうかについては「今のところ」適切なことは言えない。けれども、私は、彼が「ドイツ民族を圧迫している当の権力に反対する」(6)闘争を、疑問の余地なく引き受けてきたということについては認めるものである。つまり、ヒトラーは、ドイツの政治の中で偽りや偽善に反対する純粋な大人物の一人として登場しているのである。もちろん、その登場は俗物どもを恐怖に陥れるような激しさと鋭さを伴いながらではあるが。しかし、初めのうちは、この自由な闘争者に対する相応の理解を示すのは、青年たち並びに自らを青年と感じている人々だけだろう。

さらにハーゼは次のようにも書いた。

ヒトラーは、われわれの前で初めてわれわれの強大さを示し得た偉大なドイツの自由運動の先駆者のひとりである。彼は、ゲルマン魂――それは今日われわれに疎遠に対峙している権力国家という拘束服に押し込められているけれども――が自らの表現形態を再獲得するためのシンボルになっているのである。(7)

またパウル・ハーゼは、「自由経済運動におけるオリエンタルな影響力」の問題に決着をつけるために、他の一論文の中でナチ党の党綱領を好意的に取り上げた。つまり、ハーゼはこの自由経済運動におけるユダヤ人の影響力如何ということを問題にしたのである。ハーゼによれば、ゲゼル自身はこの問題を誤解したばかりでなしに、自らの見解をただ漫然と広めてしまったのである。したがって、ゲゼルは、自由経済運動の更なる発展にとって「きわめて大きな障害物」になっている、と。

ハーゼによれば、自由経済は有機的発展の結果として生まれるものでしかないにもかかわらず、ゲゼルは、その組織化を望んでいる。そのことを、ハーゼは次のように述べている。

自然的経済秩序は、ゲルマン魂が持っているところの、権利感情から成長してくるのである。だが、ユダヤ的－オリエント的見解に囚われてしまった者は、人々はこのような自然的経済秩序を［簡単に］作ることができると信じてしまうのである。確かにこのような自然的経済秩序は必ず到来する。だが、このような自然的経済秩序は、人間の本性に適合した秩序として到来するのではなく、われわれの本性から必然的に生まれる経済形態として到来するのである。(8)

「ドイツの」自由経済かそれとも壮大なゼロか、これがハーゼの結論だった。つまり、自由経済という新しい経済秩序は、ゲルマン魂と原ドイツ的権利感情とを有する経済形態でしかないということなのである。

以上の主張の上に、パウル・ハーゼは、利己心と公益心を対置した。彼は言う。「個人主義者にとっては、自然的経済秩序が個々人の利己心の上に建設されるということは正しいのかもしれない。だが、自らを民族のより高度な生命形態の一分子と感じている者にとっては、そうではない。『経済生活の推進力の倫理的基礎づけがゲルマン的権利感情とゲルマン的存在形態からなされる場合には、ゲゼルは間違っており、フェーダーの方が正しい』」、と。さらにハーゼは続ける。「前者が疑問の余地なく非有機的である経済綱領を提出したのに対し、後者は完全に有機的ではあっても、異人種的な経済綱領を提出したのである。だが、ゲゼルの理論は不運にも、その経済学説と何の関係もない個人主義的な世界観と結び付いてしまい、その経済学説の普及に際して『著しく妨害的に作用する』ものになってしまった。実際、ゲゼルは民族が問題になっているところでも、絶えず個々人を問題にしているのである。だが、経済は、個々人に奉仕するものではなく、全体にだけ奉仕するものでしかない。またひとつの民族は、個々人の総計以上の存在でもある。アドルフ・ヒトラー Adolf Hitler とゴットフリード・フェーダーが利己心よりも公益心を優先させているとすれば、［ハーゼによれば］、そのことは、健康で有機的な民族種を生成させるという目的のために必然的に現出してくる自然的力とその秩序とによって表明されねばならない」、と。

さらにハーゼは次のように言う。「確かに、ゲゼルは資本主義的経済秩序の欠点とその原因を指摘した。彼の鋭くかつ正しい批判を受けたために、マルクス主義的経済秩序の機構は砂上の楼閣のように崩壊してしまった。だが、ゲゼルは、民族的特性を正しく理解することができなかった。というのも、人種の特性も多種多様だからである。『そうした人種の多種多様性を、ゲゼルは見逃しているのである』[9]、と。つまり、ゲゼルは、実現不可能な世界観のために自らの経済理論の明晰さと正しさとを曇らす結果になっているというのが、ここでのハーゼの主張なのである。

かくしてハーゼは言う。「不屈の信念に凝り固まった国際主義者は、自らの民族にしっかりと根付いている人間を拒絶する。とくに民族主義的心情を抱いている者に対しては、彼らはたえず不審の念を抱く。そして彼らが、自らの研究を再考し、新たな発見をすることもあるのかもしれない。だが、こうした彼らの発見がたとえ強力な運動を生み出すことがあっても、最良のドイツ人たちは、彼らから離れたところに立っているだろう」、と。

経済問題においてゲゼルがいかに正しい判断をしようとも、そのことは、他の問題において混乱を引き起こしてもよいという認可状を与えるものとはならない。「あらゆる人間問題に対する自らのユダヤ的－国際的立場を、六〇歳代のゲゼルがもはや変更するようなことはないだろう。」したがって、人々は、ゲゼルへの畏敬の念を持ちながら、彼がそのような誤った道を進むことを傍観するか、あるいはじっと我慢するかしかないだろう。

ところで、個々人よりも全体を上位に置く者は、論理必然的に、個人的自由に懐疑的に対峙しなければならない。ハーゼはその点を次のように書いている。「望まれるべき社会改革の最初の前提条件は、絶対的な自由概念――その害毒はオリエンタルな思想からドイツの観念生活の中へと浸透している――を克服することである。そして個々人は、全体の法則性に順応しなければならない」、と。

さらにハーゼは続ける。「農民戦争は、ローマとオリエントに抵抗したドイツ的運動の絶望的な発露であり、ローマとオリエントがその勝者となった。かくして、土地の分配は、外国の法律にしたがって、すなわち非ドイツ的方法にしたがって行われることになってしまった。」、と。他方、ハーゼによれば、貨幣制度と貨幣取引も、オリエントから生まれたものにほかならない。その結果、「ゲルマン魂も、とりわけ法王とカトリック教会によって拘束されることになってしまったのである。だが、ゲルマン魂をこのような拘束から初めて解放したのは、ルターLutherであった。さらにラオウル・H・フランスRaoul H.Franceの客観哲学の誕生とともに、ゲルマン的自由への第二の歩みがなされたのであった。(フランスによれば、真の共同体では、だれもが自らの望むことを行うのではなく、この共同体が彼に要求していることを行うのである。その際に、全員は相互に協力し合い、相互に助け合うのである。)そのような関係が生まれている場合には、物質主義はその根源からすでに決定的に破壊されているのである」、と。そしてハーゼは次のように言う。「同胞の労働によって扶養されるような寄生者は、オリエンタルな現象のひとつである。なぜなら、ゲルマン人は、労働を生活にとって必要なものと見なしているからである。したがって、寄生者層が存在しているために、ゲルマン人に特有な永続的な民族文化というものが死滅してしまうだろう。かくして、今や病気にかかっているドイツ文化を再生させるためにこの寄生者層を除去しなければならない」、と。このような寄生者層の除去という点に、ハーゼは、ゲルマン魂解放への第三の歩みがあると明確に認識したのである。そしてそのような第三の歩みには、ドイツ法によるローマ法の置換という要求も含まれていた。かくして彼は自らの結論を次のような「二者択一」として定式化したのであった。すなわち、「ドイツの生産性経済かユダヤの収益性経済か」、と。ハーゼは、自由経済派的潮流とフィジオクラート派的潮流への一九二四年五月のNWO運動の分裂を人種的相違に帰しつつ、次のように述べた。

(a) 個人主義的‐アナーキスト的潮流の主要な代表者たち（ティム、トゥルケ Tuercke、ハーケ）は、すでにその外貌からしてオリエントを想起させるだろう。

(b) それに対し、マグデブルク的潮流の代表者たち（マース、ショイフラー、メルクス、イーゼンベルク）は、明らかに北方系の血統である。(10)

このようにハーゼは、ゲゼル派の運動の中にはユダヤ人型と北方系型の間にゲルマン魂をめぐる大きな争いがなされているかのような印象を与えたのであった。そして彼は、この雑誌の中で、一フランスの文筆家であり、最初の人種理論家であったゴビネー Gobineau ――アーリア人種の優位性という彼の学説は、すでにヒトラーによって取り上げられていたが――にも言及したのである。

たとえばハーゼやフンケル博士らの雑誌『ドイツ文化の監視人』の表紙には、いつも丸いかたちのハーケンクロイツが古代ゲルマンのシンボルの後に描かれていた。このことが示すように、フンケルとハーゼたちは、自由経済派の運動に属していたばかりでなしに、国民社会主義的‐民族主義的運動にも――彼らの槍先になるような役割で――属していたといってよいだろう。（けれども、彼らの評価に際しては、ハーケンクロイツ自体は、二〇年代に広く普及していたという事実を無視してはならないだろう。）だが、ハーゼは自らの雑誌の中で仲間のフンケル博士を攻撃した。なぜなら、フンケル博士は、本来ならば民族主義的目標を追求しなければならないのに、「ゲゼルの影響を受けて、国際主義的な潮流に全面的に属していた」からであった。

『ドイツ文化の監視人』という雑誌は、一九二四年五月に創刊された。その創刊の目的は、ドイツ的自由への道を示そうとするものであった。（そのことは、サブ・タイトルでも言われていた。）この雑誌は次のように主張する。「戦後ドイツの社会生活の混乱は、経済、魂、思想などの調和を再構築することによって克服されねばならない。その際、われわれにとってその『調和』の内容となるのは、『人間の肉体に応じた経済を、人間の魂に応じた世界観と宗教を、そして人間の思想に応じた科学と学識を』というものである」、と。（われわれは、ここでも再度社会的三環節論に出会うことになる。）

確かにハーゼは、全体主義的志向への萌芽を持っていたといってよいだろう。そうした彼の全体主義的志向は新種の文化理論の中に埋め込まれていたにもかかわらず、彼がドイツ人層ということを過度に強調したために破砕されてしまったのである。政治的に見ても、ハーゼと彼の協力者たちは一九二四年に、この時期に活動を禁止されていたナチ党NSDAP（一九二三年一一月のミュンヘン蜂起のためにその活動を禁止されていた）の後継政党、すなわちドイツ民族的自由党――五月の選挙で三二名の代議士を帝国議会に送っていた――に入党したのであった。彼らがドイツ民族的自由党に入党したのは、彼らがたえず次のことを意識していた結果なのかもしれない。「ドイツ人の解放は、内外のあらゆる寄生者層からドイツ人民をラディカルに救出することによってだけ可能となるにすぎない[11]」、と。こうした彼らにとって自由経済同盟FWBの選挙参加などといったことは、まったくもって問題にならなかったのである。

以上述べたようなパウル・ハーゼのもっとも重要な協力者は、鉱山支配人のオットー・ヴァイスレーダーだった。折りに触れ雑誌『自由経済』の短い論説をも読むことのできた彼は、『自由経済学説要綱』を出版し、その中で「土地所有者は地代を『全体性の代表者としての国家に支払うべきである』[12]」、と主張した。だが、彼は、彼の『自由経済学説要綱』の中では地代の母親への分配については何も触れなかった。そこで彼が主張したのは、次のようなことであった。貨幣の供給と流通とを強制するために、貨幣は一年たった年末にはその価値を失ったものと宣告され、約五％の額面損失をともないながら、新しい貨幣と交換されるべきである。その時、銀行券への当該印紙の貼り付けないしスタンプは省略される。（これは、疑問の余地なく、きわめて簡略的な方法である。）つまり、その年末には一〇〇マルク紙幣と引き換えに九五マルクだけが支払われる、と。このような主張を見ると、ヴァイスレーダーは、本質的にはハーゼよりもはるかに実践感覚が優れていたことがわかるだろう。

ハーゼは、「自由経済におけるオリエンタル的‐ユダヤ的影響力を打破するために」、シルビオ・ゲゼル批判をより鋭いものにするように、彼の協力者たちを促した。こうしたより鋭い批判を行ったひとりの人物は、S・フリードリヒ S.Friedrich だった。彼は言う。

ヨーロッパ合衆国というゲゼルの幻想的な夢は、ヨーロッパ諸民族が「すべての民族の運命を手中に握っている巨大権力の支配を除去するまでは、つまり、ヨーロッパ諸民族が、一民族を他民族にけしかけるような血をすべて吸い取ってしまうまでは」、実現しないだろう。それに対し、ユダヤの貨幣権力は、すべての国の貨幣制度を支配した結果、「膨大な額の差益利潤、投機利潤そして本来ならばすべての生産的身分が獲得しなければならない景気変動利潤などを独占することを可能にしているのである。」(13)

フリードリヒによれば、自由貿易が妥当性をもつのは、自由貿易が「すべての民族同胞の私的利害を実現し、促進している」場合だけである。「それに対し、今日自由貿易が導入されたならば、自由貿易は農家に損害を与え、多くの農民を経済的零落へと導くものとなるだろう。それゆえに、［保護］関税の方がはるかに利益のある政策である。」

他方、古代ドイツの土地所有権の現代化は、すなわち（オットー・シュトラッサー Otto Strasser やグレゴール・シュトラッサー Gregor Strasser が要求するような）ゲルマン的レーエン思想の現実化は、なお未解決な状態にある。だが、自由経済同盟においても全面的なユダヤ化が成功しつつあるということ、またこうした全面的なユダヤ化は、ゲゼルのアナーキスト的世界観とも相俟って、彼の分裂政策ならびに純化政策の成功を容易にしているということ、こうした状況にわれわれは陥っているのである。しかるに、こうした全面的なユダヤ化は、マルクス主義並びにほとんどすべてのドイツの報道機関を支配するに至っている。そのために、自由経済主義者 Freiwirt の一部の人々は共産主義的プロパガンダに感染してしまったのである。そのことも、同じようにゲゼルに有利に働いているといってよいだろう。だが、ゲゼルは、資本主義的搾取経済を廃絶するための闘争が勝利でき得るのは、プロレタリアートばかりでなしに、ドイツのすべての生産的人民がこの力強い解放闘争において団結する場合でしかないということを理解していないのである。だが、たとえ団結した場合でも、そのイデーが勝利することは容易ではないだろう。なぜなら、「ドイツが同時に、その他の民族のもとでもユダヤ権力の意志という鎖から自らを解放しようとする意志を植え付けることに成功しないならば、ドイツは戦争を起こすといった口実のもとに国際的なユダヤ世界権力が誘導しているその他の国々によって包囲されることになってしまうからである[14]」。それに対し、ゲゼルは次のような確信を持つに至った。「民族的なものに対する闘争は、レントナーや階級国家に対する闘争と同様に、『全力をあげて』取り組まなければならない」、と。

ゲゼルは、最良なものの自然的淘汰を主張したが、それに対し、ハーゼは「社会体における生命法則の規制」によってドイツ人層を、人種的価値のある人間に育成することを要求するとともに、人種的性質に応じた自然的序列をも支持したのであった。そしてハーゼは、特有なやり方で自らの貨幣史的見解を民族主義的イデオロギーに融合させるに至り、貨幣改革論においてもドイツ人第一主義の運動に接近することとなったのである。かくして彼は、「自然の永遠の運動」という神の意志の啓示を受け取って、「下層人間」——この人間はユダヤ人ではなく、大衆のことを意味していた——に反対する闘争をも次のように呼び掛けたのであった。

下層の大衆と上層の貨幣主人という構図は、価値ある血統はもとより彼ら自身の未来とわれわれの未来をも駄目にしてしまう。北方人種は、古代文明においてと同様に今や自らの優位性を再び失ってしまうという危険に晒されているといってよい。だから、今や北方人種は自らの魂の在り方に合致した貨幣制度を創出することが肝要になっているのである[15]。

ハーゼによれば、ゲゼルの改革それ自体は、新しいゲルマン人が他人種との闘争や競争において武器として利用できるものである。またゲゼルの経済理論は、新しいゲルマン人の知的弱さを治癒することのできるものであるばかりか、人種の不動の生命法則に忠実かつ従順に従う有機的・生物学的世界観によってよりいっそう高度なものにすることのできるものでもある。かくしてハーゼは言う。「自然的経済秩序は、民族的経済領域の枠内においてのみ与えられるにすぎない」、と。

このような「民族的経済領域」という概念――この概念を、フンケル博士もまた利用したのであるが――は、ゲゼルにとっては「理論上」すでにひとつのカタストロフィー的事態をもたらすものでしかなかった。というのも、このような「民族的経済領域」という概念は、自由地や自由貿易と合致するものではなかったからである。たとえば、地下資源は実際には特定の民族によって独占されているけれども、本来はすべての民族に属するものであり、その点で「自由石炭」などと呼ばれるべきものであった。それだからこそ、ゲゼルは、この自由経済派 Freiwirt の国民主義的－民族主義的雑誌のために一行たりとも書くことをしなかったのである。

ところで、ハーゼとその協力者たちの主張を特徴づけるのは、彼らが自由経済の社会的基礎を産業プロレタリアートにではなく、農民層に求めたことである。たとえば、ハック博士は、農民層がその担い手となった一七世紀のイギリス革命に依拠しつつ、次のように述べた。「農民は生産者であり、その他のあらゆる人民的諸層を扶養する源泉である。それに対し、拝金主義はもとより金と利子についての迷信が広がったのは、教養層の責任である」、と。こうしてハーゼたちの思想には反知性主義的傾向が加わることになったのである。

ハーゼたちは言う。「自然的経済秩序の典型的姿は、自由競争ではなく、『調和の法則に矛盾したあらゆるものを正しく根絶する』[16]自然でなければならない」、と。その際、利子はハーゼたちにとっては地代と同様に寄生的性格をもった悪性の腫瘍にすぎない。したがって、ハーゼたちは最終的に次のように主張した。「この腫瘍は民族体から適宜切除されなければならない。そうした後で、すべての人間は、社会の有益な一分岐にならなければならない。そして細胞共同体は物質代謝過程を通じて初めて有機体になるだろう。このような財交換・物質代謝の能力が、人間と動物を区別するものなのである。それゆえに、有機的調和に逆らうものは、排除されなければならない。個々人にとって不正なことであっても、全体にとっての公正さになることがたえずあるのだ」、と。

3　ドイツの恐慌なき国民経済同盟ＤＢＶ

一九二九年一月に、『ドイツ文化の監視人』の読者やその協力者たちのサークルからドイツの恐慌なき国民経済同盟 Deutscher Bund für krisenlose Volkswirtschaft: DBV が誕生した。そしてこの同盟の指導者としてパウル・ハーゼが、書記としてヴァイスレーダーが、また会計主任としてクルト・ネーリケ Kurt Nöhricke（同年の一九二九年に彼はその職務を主任技師レック Leck 譲った）が、それぞれ選出されたのである。

このようなドイツの恐慌なき国民経済同盟ＤＢＶが最初に誕生したのは、ハルバーシュタット地域の組織であった。この組織はこの同盟の細胞たろうとした。

このドイツの恐慌なき国民経済同盟ＤＢＶの綱領は一一項目、より厳密に解釈すれば、一〇項目から構成されていた。その最初の要求項目は、「内外の敵からドイツ民族を解放する」というものであった。そしてそれと同時に、この綱領では、貨幣の優越性の打破、指数本位制度の確立、利子の有機的解体、所有の保護、労働全収益、需要との完全な一致にいたるまでの財生産の発展、預貯金の増加とその減価への反対ならびに「生活権と相互給付に基礎づけられた民族共同体」の確立なども要求されていた。その後、とりわけ「生産者身分の特別援助」という要求項目が加えられたけれども、それ以外にも「ドイツ国民経済の異民族化の危険、つまりドイツ国民経済の債務額のさらなる増加と国際化」に対しても闘うということなどが、その要求項目に加えられたのである。

この綱領の主要な目的は、「社会的ダイナマイト」と呼ぶべきものを不発弾に変えようとすることとともに、中間身分のさらなるプロレタリア化に歯止めをかけようとすることにあった。こうした綱領のもとにこの同盟は、次のような主張をもって国際的移住の自由に激しく反対したのであった。「ドイツの土地はドイツ人だけのものである。その際のドイツ人とは、犯罪者やその他の反社会的分子を排除した真のドイツ人のことである」、と。

このようなドイツの恐慌なき国民経済同盟ＤＢＶは、創立当初には少数の構成員しか擁していなかった。だが、一九二九年一〇月二九日にハレで開催されたこの同盟の集会において組織規約が改正され、この同盟への集団的加入が容易になった結果、多数の小民族主義的グループがドイツの恐慌なき国民経済同盟ＤＢＶに加入することとなった。かくしてこの同盟の指導者たちは多数の講演を行ったり、自らの雑誌『ドイツ文化の監視人』のために多数の論稿を書いたりするなどの仕事に忙殺されることとなったのである。

その際に特徴的だったのは、その他のＮＷＯ組織では「ＦＦＦ［Freiland-Freigeld-Festwährung 自由地－自由貨幣－固定通貨制度］」として通用していたものが、ドイツの恐慌なき国民経済同盟ではほとんど例外なしに「ドイツ的」という形容詞が付けられて通用することになったことであるだろう。たとえば、生産性原理すらも「ドイツ的」法観念の至上原理と見なされたのであった。それも、この生産性原理がすべての工業国において歴史的議事日程に登ってもいなかった時期にである。

一九三〇年に、ドイツの政治情勢は、街頭ではもとより帝国議会やプロイセン邦議会においても急進化した。そのため、これまでの政治勢力の相対的均衡状態は破壊されてしまったのである。このような過渡期にドイツの恐慌なき国民経済同盟は、自らの同盟仲間をもはや市民的諸政党やドイツ国民党のもとにではなく、突如革命的農民のもとに求めようとしたのであった。かくしてこの同盟は、農民層と自らの関係を再考する事例としてシュレスヴィヒ－ホルシュタインの農民蜂起を取り上げて、次のように主張した。「ゲゼルは、土地の国有化を要求しているがゆえに、半ボリシェビィキ的である。したがって、［彼の］自由地は土地からの農民追放を目的とした新しい策略でしかない」、と。

良く言えば、このようなドイツの恐慌なき国民経済同盟は、ゲゼルへの異論を提出できる唯一のNWO組織だった。事実、この同盟の幹部会は、一九三〇年五月四日にハレで緊急に招集、開催された同盟集会において規則第二項の変更草案、すなわち今後「石炭、カリ、貴金属、石油」[17]などの地下資源の私的所有権の剥奪に反対する草案を提出したのであった。

おそらくこの同盟集会は、土地の国有化を放棄する決議とともに、この動議を採択したことであっただろう。（だが、公表された議事録を読んでも、私はそのような動議がどうなったかということについては遂に分らずじまいであった。）

他方、このようなドイツの恐慌なき国民経済同盟は、自らの同盟員数については沈黙したままだった。この同盟のリューゲン島活動者会議の報告によれば、この同盟は一九三〇－三一年の期間に約三〇〇－三五〇人の同盟員を擁しており、それに多数の準同盟員が加わっているとのことであった。

一九三〇年七月二七日から八月三日までの期間に開催されたこのリューゲン島活動者会議でパウル・ハーゼは――四回以上発言する中で――マルティン・ルターの観点に基づいた抜本的な経済改革論――この経済改革論は、牧師のヴァルター・シュルツ Walter Schultz によって補足されたが――を公表した。そこでシュルツは言う。「私は、この改革をさらに推進することの中に、マモンを退治するとともに、地上に神の王国を作り出すための固有の手段を見る」、と。それ以外にも、この同盟の議長アルノルド・ヴァーゲマン Arnold Wagemann が「ドイツ法」支持の発言を行った。そしてドイツ世界観同盟の議長オスカル・アウスト博士 Dr.Oskar Aust、ドイツ技術者帝国同盟の副議長ハスハウアー Fasshauer、ヒューゴ・カイデル Hugo Keidel、アルトゥール・キトソン Arthur Kitoson（在ロンドン）なども発言を行った。またランゲマルク閣下 Exzellenz Langemark も、民族主義的運動の名においてこの会議の開催に歓迎の意を示したのであった。かくしてこの同盟の幹部会は、帝国政府と邦政府への覚書という形式でその成果を起草することになったのである。

4　生物学的世界像

パウル・ハーゼは、リューゲン島ではもとより至る所でくりかえし次のような見解を表明した。「ゲゼルの自然的経済秩序は生物学的基礎づけを欠いている。したがって、そのような生物学的基礎づけを与えることが、この同盟の基本的課題である。つまり、この同盟は有機的世界像を作成しなければならない」、と。（こうしたハーゼの見解は、ある意味では科学主義的超特殊化への抗議でもあった。）その際、ハーゼの念頭に浮かんだのは、疑問の余地なく、今や民族的生命法則から始まらねばならないところの、民族主義的に基礎づけられた生物学であった。ハーゼは言う。「ドイツの恐慌なき国民経済同盟ＤＢＶは、理想主義の基盤に立っているけれども、この同盟は理想主義を現実に、すなわちリズミカルになる必要のある経済的物質代謝領域に、根づかせたいのである。課税によって流通強制を受けた貨幣は、『心臓と血管のリズムに規制された肉体の収縮と緩和』[18]に対応する」、と。

さらにハーゼは言う。

自然的経済秩序から生まれるのは、生物学的進化過程を辿るべきである自然に即したものであり、ドイツの「民族体」だけに限定されたものである。マルクスのような頭の良すぎる人々は、メカニックな制度を構想し、社会的経過がどのように経過しているのかを観察することの代わりに、社会的経過がいかに経過すべきかを考えたのであった。メカニックな世界像は南方系民族に特有なものであり、有機的世界像は北方系民族に特有なものである。だが、不運にも北方系民族は、南方系民族の見解を受容してしまったのである。今やヨーロッパでは「生命法則に従った社会秩序とメカニックな社会秩序の間の最終闘争が闘わされることになるだろう[19]」。

このようにパウル・ハーゼは、ＮＷＯ学説を生命法則的基礎に立脚させようとした。マルクスが社会生活の基礎としての経済から出発したことを物質主義的観点であるとする批判に対して、ハーゼは、ドイツの民族体が病気にかかった原因は、質量に、すなわち無能力者をもたらすような間違った経済生活にあると反論したのである。それゆえに、彼は言う。「経済の治癒から始めなければならない。だが、こうした現象の背後には、イデーの世界がある」、と。（そのようなイデーの世界を、ハーゼはプラトン的に「創始者」と命名したのであった。）このように皮相な物質主義的観点からのものではあっても、ドイツの恐慌なき国民経済同盟が理想主義の基盤に立っていたことに、疑問の余地はないのである。

たとえば、ネーレ Nöllw は、『ドイツ文化の監視人』の中で「自由経済主義者 Freiwirt は誠実な物質主義者であるべきである」とした上で、次のような主張を展開した。「そうでなくとも資本主義という欠陥のある経済では、世界観的理想を実現することは難しい。毒キノコと同様に、有毒の思想は社会的貧困という腐敗した土壌の中で成育するものである。つまり、人間は、良い生活ができる場合にだけ、良い存在になるということなのである」、と。

こうしたドイツの恐慌なき国民経済同盟ＤＢＶは、確かに、あらゆる社会的保護にも反対の態度を取った。この同盟がとくに批判したのは、一九二七年にヴァイマル共和国が導入した失業保険制度だった。その制度は、ハーゼにとっては貨幣支配[20]を維持するための最良の保護であり、金融的ハイエナたちが労働者の眼を自分たちから逸らすための「施し物社会主義」であった。

他方、この同盟はドイツ艦隊の軍備の拡張を支持した。「ドイツの民族有機体は、防衛力を保持し続けなければならない」、と。アウスト博士 Dr.Aust は、次のようにすら主張した。「『戦争状態を経済的観点から見れば、それは現代の平和状態よりももっと大きな自然に即した状態である。』[21] なぜなら、そのような状態では収益性法則が機能しなくなるからである」、と。

自由経済的世界語（エスペラント語）を使用しようというブーア・ズーレン Bur Suhren の提案は、ドイツの恐慌なき国民経済同盟ＤＢＶの内部で激しい反対に遭遇した。「ドイツではドイツ語だけが語られるべきであり、書かれるべきであり、そして印刷されるべきである」、と。かくしてブーア・ズーレンは、しばしば『ドイツ文化の監視人』の攻撃目標となったのである。だが、彼はこの同盟の以前の代表だったので、同盟は彼を公然とは批判することができなかった。たとえば、『ドイツ文化の監視人』は、取引所という有毒の木について暗示的に語りながら、「オリエントから誕生した貨幣制度は、ゲルマン魂を絞殺する」と述べたのであった。他方、ズーレンは次のような釈明を行った。「自分はどのような生物学的思想も持っていない。だが、自然的経済秩序は、自然法則の枠内に無理やりとじこめるべきではない」、と。それに対し、ハーゼは自らの読者に問うた。「ズーレンは『自由経済運動の破裂する爆弾』[22]ではないのか。それをだれが置いたのか、だれの依頼で掘っているのか」、と。

ゲゼルの国家の漸進的解体論などは、この同盟にとっては論外のものであった。というのも、国家という至上権なしには、生物学的かつ人種的な一定の危険を取り除くことができないと考えられていたからである。

『ドイツ文化の監視人』の中に、私は、将来の穀物耕作についての論文をも見出だした。それは、以前のロシアのグーツヘルと宮廷顧問官の講演ならびにオストラウ－ザクセンの農業グループの経験を支持するものだった。ヴィクター・シャウベルガーの内破技術についての最初の論文も、そのような内容のものだったのである。

ハーゼの「有機的世界像」は、その生物学的－民族主義的基礎づけをもつものであるがゆえに、パウル・ディール Paul Diehl のそれと共通するところは僅かでしかなかった。それは、むしろオットー・ラウテンバッハ Otto

Lautenbachの自由の学派を再解釈し、さらに発展させたものでしかなかった。だが、いずれにしても、ハーゼの「有機的世界像」の最初の萌芽を、われわれはローランド同盟の中に見い出すことができるのである。

原　注

(1) Annonce der Zeitschrift „Neues Leben "in „Deutsche Freiwirtschaft" 1/19, die davon selbst gezeichnet war
(2) Gustav Simons, Das Gesamtbild deutscher Erneuerungsbestrebungen, Berlin 1919, S. 25
(3) Deutsche Freiwirtschaft, Mai 1919
(4) Deutsche Freiwirtschaft, November 1919
(5) Deutsche Freiwirtschaft, März 1920
(6) Deutscher Kulturwart, Oktober 1924
(7) ebenda
(8) ebenda
(9) ebenda
(10) Deutscher Kulturwart 6/1924
(11) Deutscher Kulturwart 2/1924
(12) Deutscher Kulturwart 4/1924
(13) Deutscher Kulturwart 3/1924
(14) ebenda
(15) Deutscher Kulturwart 2/1929
(16) Deutscher Kulturwart 7-8/1929
(17) Deutscher Kulturwart 4/1930
(18) Deutscher Kulturwart 6/1929

(19) Deutscher Kulturwart 7-9/1930
(20) Deutscher Kulturwart 12/1929
(21) Deutscher Kulturwart 1/1930
(22) Deutscher Kulturwart 5/1924

第七章　ＮＷＯ運動の残された共通性

ＮＷＯ運動が様々な潮流に四分五裂し、その運動方針をめぐって争い始めるや、それらの潮流の中になお共通性というものが、全般的に残っているのかという問題が生まれた。つまり、その問題とは、ハンス・ティム Hans Timm、パウル・ハーゼ Paul Hasse、ディオゲネス（ホフマン）Diogenes-Hoffman、オットー・マース Otto Maass、ブーア・ズーレン Bur Suhren そしてヴィルヘルム・メルクス Wilhelm Merks などの人々は、ひとつの共通の基盤に立つことができるのかという問題である。

実際、四分五裂し、その運動方針をめぐって争ったＮＷＯ運動の様々な潮流の「共通の基盤」のひとつになったのは、ゲゼルの経済理論、とりわけその核心を成す「錆びていく銀行券」論であった。私が見るかぎり、その「錆びていく銀行券」論を放棄した者は、だれもいなかったといってよい。そうであるからこそ、彼らはこの点に依拠しながら繰り返し合流できたのであった。確かに、自由地については様々な見解が存在したし、また「固定通貨制度」についても激しい論争が生じたが、自由貨幣についてはだれも異論を唱えることがなかったのである。

彼らの第二の共通性となったのは、資本主義を利子経済と見なし、利子を「強欲者や高利貸し的精神による不正な儲け」と非難することであった。事実、彼らは異口同音に次のように主張した。「利子は、最終的に切開して切除しなければならない経済的腫瘍である」、と。

かくしてＮＷＯ運動のすべての潮流は、基本的に反資本主義的姿勢を取っていたけれども、その姿勢は、剰余価値を盗んでいるというマルクスの非難から私的事業家を守り、彼らを労働者と同等の存在と見なすものであった。

また同時にＮＷＯ運動のすべての潮流は、社会主義的姿勢をも取っていた。なぜなら、彼らは人間による人間の搾取を同じような方法で廃絶しようと望んでいたからにほかならない。実際、ＮＷＯ運動の国民主義的‐民族主義的潮流すらも、――以前の「ドイツ自由地‐自由貨幣同盟 Deutsche Freiland-Freigeld-Bund」と同様に国際主義的社会主義を否認したけれども――、「ドイツの社会主義」を否認することはなく、彼らは一致して生産者全体の労働全収益の実現を望んでいたのであった。

彼らの第三の共通性となったのは、資本主義とは無縁の市場経済、あるいは資本主義の死滅の上に繁茂する市場経済への信奉であった。

事実、ＮＷＯ運動のすべての潮流は、そうした福音の実現は自らに委ねられているということを、そして自らのうちに新しい人間秩序の萌芽があるということを、信じていた。このような信仰は、エリート主義的意識と使命感に溢れた態度とを生み出すことになった。かくして、彼らは皆次のように主張した。「ゲゼル以外のその他のあらゆる社会理論は無知の理論であるか、誤りに陥っている」、と。つまり、ゲゼルの学説は、その支持者にとっては最高の科学的結晶を明晰に表明したものと考えられたのであった。

それにもかかわらず、ＮＷＯ運動には終末論的雰囲気が醸し出す信仰の輝きがあった。したがって、その支持者たちは皆次のように述べた。「ＮＷＯ運動は社会問題を即座に解決するだろう」、と。このような彼らの社会宗教的な性格は最初からＮＷＯ運動の際立った特徴をなすものだった。そのためにこの運動は、実践的経験や理論的異論を受容するということがまったくできなかったのである。

その結果、この運動にとって現実世界はなおいっそう陰気なものに見えたのである。この運動の支持者たちは言う。「利子経済による現実世界の退化は、劣等者の反対淘汰のために最良者の自然的淘汰を麻痺させてしまった」、と。このような確信と信念は、たとえばゲオルク・ブリューメンタール Georg Blumenthal ならびにパウル・ハーゼという両者――彼らは対立した潮流に属していたにもかかわらず――のもとにも読み取ることができるのである。

第八章　ＦＦＦカルテル

一九三〇年九月三〇日の帝国議会選挙は、ドイツの政治的地滑り現象をもたらした。ナチスＮＳＤＡＰは、突如得票率を一・九％から一七・三％に増加させ、これまでの一二議席から一〇七議席を獲得するに至った。他方、ドイツ共産党ＫＰＤは、得票率を一〇・六％から一三・一％に増加させ、その議員数も五四議席から七七議席まで伸ばした。その結果、ヴァイマル共和国を支えていた政治的中枢は、ズタズタに寸断されてしまったのである。そして今やプロイセン邦議会を制したのも、ナチスとドイツ共産党だった。彼らは、帝国議会でと同様邦議会でも戦闘服姿で（ナチスはＳＡの制服で、そしてドイツ共産党の大部分の議員は「赤色フロント闘争同盟ＲＦＢ」の制服で）登場したのであった。かくてヴァイマル共和国の存在は風前の灯になった。事実、その後ただちに議会制民主主義に代わって、緊急令で統治する総統制度が登場するに至ったのである。

この一九三〇年九月三〇日の政治的地滑り現象は、ＮＷＯ運動にとってもひとつの警報となった。事実、この政治的地滑り現象は、ＮＷＯ運動の様々な組織の中で、ＮＷＯ運動の分裂性よりもその共通性の方が大きくないだろうかという問題が熟考されたのであった。その結果、翌年に自然発生的に一連のＦＦＦ活動共同体が、多数のＮＷＯ組織の代表者から生まれることとなったのである。そのような活動共同体が誕生したことが確認されるのは、ドルトムント、ビーレフェルト、ハレ、リーグニッツ、ストリーガウ、フライブルク、ライプツィヒ、シュメールン（チューリンゲン）、フランクフルト・アム・マイン、ケーニヒスベルク、ダブリングハウゼン、エムデン、マグデブルク、シュトットガルト、ケルンなどであり、もしかするとその他の地域でも生まれていたのかもしれない。

1　暗殺行為

活動共同体という思想は、帝国銀行総裁ハンス・ルター博士Dr.Hans Lutherに対する暗殺行為によって突如加速されることとなった。世論は当初その暗殺行為を国民社会主義派によるものと見なしていたけれども、後には自由経済派によるものと見なした。それは、一九三二年四月九日にポツダム駅にいた帝国銀行総裁に二人の男が近付き、そのうちの一人がピストルで彼を銃撃したという事件だった。だが、弾丸は彼の右腕をかすり、重傷を負わせただけにすぎなかった。この暗殺行為は、殺人を目的としたというよりも公衆の注意を帝国銀行政策に向けさせるという政治的デモンストレーションを目的とするものだった。

この二人の襲撃者——マックス・ローゼン博士Dr.Max Rosen（ハンブルク）ならびにヴェルナール・ケルシュネール Werner Kerschner（エッツドルフ）——は、自由経済主義者ではなかったけれども、「時間とともに減価していく貨幣理論」の支持者であった。つまり、彼らは、ＮＷＯ運動の周辺部にいた人々であった。実際、ローゼンは、ヴェーラ活動 Wära-Aktionに感銘を受けてその交換ゲゼルシャフト宛てに熱狂的な手紙を書いて寄越したのである。ケルシュネールがルター博士に発砲した後で、彼らはポツダム駅で次のような自己弁明書を起草した。

誠実な裁判官とドイツの人々に対してわれわれは、この行為の弁明を行いたい。そのことができる裁判の開廷をわれわれは望むとともに、拙速な訴訟を拒否した上での、法的予備調査を願い出るものである。

このようにこの両者が望んだのは、彼らの行為を全世界に詳細に伝えることのできるような可能なかぎり長期にわたる公開裁判であった。彼らは、一時期ナチスＮＳＤＡＰの構成員であったが、この当時無名の人々によって設立された「自由貨幣・自由経済・自由地 Freiboden」という名称の新組織に加入していたとのことであった。
この新組織でローゼンは、利子率を下落させるための二重通貨制度（レンテンマルクと帝国マルク）の導入、国家の漸進的解体、景気変動利潤の少なくとも七五％を没収する価値増加税などを提案していた。〈1〉
――多数のビラによれば――、彼は当初この新しい組織を通じて帝国銀行総裁に対する告発状――この告発状によれば、帝国銀行総裁は詐取、為替詐欺、ベールに覆われた簿記そしてドイツの国民的資産への損害などに責任を負っているとする主張――を広めようとした。だが、帝国銀行に従来の通貨政策の継続を断念させるこうした試みが座礁するや、彼は、公衆を覚醒させるために、ケルシュネールとともに暗殺行為の実行を決意するに至ったというのである。事実、ウイーンの『労働者新聞』（オーストリア社会民主党ＳＰÖの機関誌）も、次のように書いていた。「この暗殺行為はルターの生命を狙ったものというよりも、愚かな自由貨幣運動を宣伝するためのものでしかなかったように思われる〈2〉」、と。
フィジオクラート闘争同盟は、その事務局を通じて次のような声明を出した。

銃弾は支配的な通貨制度の代表的人物に、すなわち飢餓と浮浪者を作り出した人物に向けられたのであった。だが、個人へのテロによっては資本主義を廃絶することができない。それにもかかわらず、この暗殺計画は実践のプロパガンダになっているといってよいだろう。それゆえに、今やゲゼルのイデーを人々に近付けることがきわめて容易になっている。「革命的労働者層」の相当な部分が「もはやドイツ共産党ＫＰＤのスローガンに従う意志をもたない時期にあって、この行為がどれほど大きな意義を持ち得るものとなるだろうか。フィジオクラートたちよ。こうした有利な状況を利用せよ。そして至る所で大集会を開催せよ。そして至る所でこの暗殺計画について語るのだ〈3〉。

フィジオクラート派の雑誌『最後の政治 Letzte Politk: LP』はこの暗殺行為を「近視眼的」なものとしながらも、「有罪の責任を負う者への警告の射撃」と特徴づけた。(4) だが、この見解は抑制されたものだった。というのも、このような行為を賛美するならば、当局の弾圧を受ける危険性があったからである。事実、フィジオクラート闘争同盟と自由経済同盟は、今や当局の監視の対象になっていたし、フィジオクラート闘争同盟自身も警察の監視下にあると感じていたからである。フィジオクラート闘争同盟は、「革命的活動」(5) に入ること――それはほぼ命令に等しいものだった――を呼び掛けていたし、場合によっては、すなわちもはや活動の余地が与えられない場合には、地下に潜行することをも呼び掛けていたのであった。そのために、グループの会議中にも公安警察が現れたのである。けれども、そうした事態は短期間のことでしかなかった。というのも、まもなく次のことが、すなわちローゼンやケルシュネールが属した新しい組織は、自由経済同盟とはもとより、フィジオクラート闘争同盟とも異なった組織であることが分かったからである。(その組織は、当初から調査官僚たちによって作られた組織だった。)

2 それぞれの第一歩

NWO運動の様々な組織の歩み寄りは、まず最初にハンブルクの反利子カルテル Anti-Zins-Kartells: AK の形成へと導いた。このハンブルクの反利子カルテルには、自由経済同盟FWBやフィジオクラート闘争同盟FKBなどの地域グループの他にヴィルヘルム・ヘイドルン Wilhelm Heydorn の人類党 Menschheitspartei も参加した。簡略化して「AK」と呼ばれた反利子カルテルのグループは、一九三一年四月一六－一八日に「われわれは自由と公正を望んでいるのだ」というテーマでの公開講演会を組織した。その報告者はヴィルヘルム・ヘイドルンであり、その討論においては自由経済同盟を代表してK・ジーゲル K.Siegel が、またフィジオクラート闘争同盟を代表してフリードリヒ・ヴァイザー Fr.Weiser が、それぞれ自らの見解を語ったのである。

それから二－三か月した後に、ノイルピンの自由経済派の不和を一掃するとともに、失われてしまった統一を取り戻すための声明をすべての自由経済主義者とフィジオクラート派の人々そしてゲゼルの支持者たちに宛てて発送した。

続く一九三二年八月に、ドイツの恐慌なき国民経済同盟ＤＢＶがハルベルシュタットでの共同会議を呼び掛けたけれども、この共同会議にはドイツの恐慌なき国民経済同盟の代議員以外だれも来ることがなかった。

かくしてイニシアチブを握ることになったのは、フィジオクラート闘争同盟であった。今やフィジクラート闘争同盟は自由経済同盟とドイツ自由経済党 Freiwirtschaftiche Partei Deutschlands: FPD をベルリン－トレプトフでの共同会議に招聘し、その会議を開催した。けれども、自由経済同盟は、一九二三年のティムの「ＦＦＦ概念の規定づけ」に基づく統一組織の形成に反対した。（それに対し、フィジオクラート闘争同盟はこのティムの「ＦＦＦ概念の規定づけ」を認めることを共同活動の条件としていた。）たとえば、アルトゥール・ラップ Artur Rapp は、自由経済同盟の名のもとにＦＦＦの目的と概念を固定化することに次のような反対の意を表明した。「われわれは気持ちの上では大衆的な統一組織を作らなければならないと考えている。だが、論理的かつ理性的な目標設定なしにはその宣伝力は困難なものになるだろう。むしろ、ここでわれわれが模範とすべきは、国民社会主義者［の組織］なのである」、と。(6)

最終的に、ベルリンのＦＦＦカルテルが形成されることになったけれども、それに参加したのは、フィジオクラート闘争同盟ＦＫＢとドイツ自由経済党ＦＰＤだけだった。こうしてこの二つの代表者が、共同の委員会を形成した。そしてフィジオクラート闘争同盟は、もはやいかなる選挙参加にも原則的に反対しない旨を、次のように宣言したのである。

フィジオクラート闘争同盟ＦＫＢ、ドイツ自由経済党ＦＰＤそして自由経済同盟ＦＷＢがＦＦＦカルテルというひとつの共同のプロパガンダ活動を行っている中で、再び帝国議会選挙が実施される場合には、ＦＦＦ支持者の人数を算定するという目的での、共同の選挙参加が考慮されるべきである(7)、と。

この見解は、ドイツ共産党ＫＰＤが主張したのと同様の議会主義的見解にほかならなかった。ノイルピンの自由経済主義者は、ＮＷＯの基盤をなす人々からはきわめて熱烈な同意を得たけれども、若干の組織の中枢部分のもとでは冷ややかな態度に直面した。そこで、今や彼らは、その亀裂を克服するために次のような第二の声明を出した。

若干の頑固な指導者に直面したために、「統一フロント」を「下から」作ることが必要になっている。したがって、彼らは差し当たり次のように行うことを勧めた。

ＮＷＯ運動のすべての潮流の地域グループは、自らの組織が加入を拒否しているかぎり、上部組織 Dachorganisation に共同で加入すべきである(8)。

以上のようなＦＦＦ帝国カルテル FFF-Reichkartells の形成には差し当たり三つのＮＷＯ組織が同意したにすぎなかった。だが、この時期のＮＷＯ組織は、最も少なく見積もっても、次のような一一の組織が存在していたはずであった。

① 自由経済同盟
② フィジオクラート闘争同盟

③ドイツ自由経済党
④フィジオクラート連合
⑤ドイツの恐慌なき国民経済同盟
⑥ザクセン自由経済主義者邦国連合
⑦ヴェーラ交換ゲゼルシャフト Wära-Tauschgesellschaft
⑧ＦＦＦ同盟
⑨オルデンブルク―オスト・フリースランド自由経済闘争リング
⑩母親土地同盟
⑪活動共同体・シルビオ・ゲゼル

アルフレッド・バーダー Alfred Bader がＮＷＯ組織のこうしたリストを作成した時、彼は、自分たちは少なくとも多数派と称することができるだろうと期待した。だが、ＮＷＯ運動は四分五裂し、ＮＷＯの全構成員はそれぞれ自分はどの組織に所属しているのかを明確には言えない状態にあった。たとえば、政治権力を議会主義的活動によって獲得したいと望んでいたハイデルベルク自由経済同盟の場合、この同盟は啓蒙的活動を行いつつも、アルフレッド・バーダーによれば、フィジオクラート闘争同盟の多数の構成員が所属していたのである。

ノイルピンの自由経済主義者たちは、彼らが提案したＦＦＦカルテルの内部では個々の組織の自立性が侵害されてはならないということを強調した。むしろ重要なのは、「すべての自由経済派諸勢力の結集によって運動全体に有利な作用を与えるようにわれわれのイデーを大規模にプロパガンダすると同時に、個々の組織を大きくかつ力強く発展させること」〈9〉である、と。このような状況の中ですべてのＦＦＦ組織の地域グループが、一九三二年一〇月七／八日にノルトハイムでの帝国会議に招集されたのであった。

このノルトハイムの帝国会議に、ドイツの恐慌なき国民経済同盟も参加した。（それはフィジオクラート闘争同盟にとって喜びであるよりもはるかに驚きをもたらすものであった。）それはかりかNWO運動の「あらゆる潮流から」、すなわち一〇〇以上の地域グループから代表者ないし連帯宣言が送られてきた。ある報告によれば、「現存の不一致は主として形式的なもの、ないし副次的なものでしかない[10]」ということが表明されたのである。とくに、「様々な組織の指導者間の人格的対立」は、「表面的」のものと見なされたのであった。

3　帝国カルテル

ノルトハイムではいかなる新しい統一的組織も建設されず、むしろFFF帝国カルテル FFF-Reichskartells という上部連合組織 Dachverband ないし目的別連合組織が建設されたにすぎなかった。FFF帝国カルテルというこの組織が受容したのは、様々なNWO組織が一定の纏まりをもってすでに存在しているような地域グループだけであった。もちろん、その際に個々の構成員やアウトサイダーも同時に招待されたのであったが。

こうしたカルテル活動の主要な財源とされたのは、寄付金とカルテルに加入した組織の定期的分担金であった。

またこのノルトハイムの帝国会議は、次のような七人の幹部会員を選出した。グスタフ・ゲンゼリヒ Gustav Gänserich、ヘルベルト・ミュラー Herbert Müller、ノルドヴォール博士 Dr.Nordwall、レディガー Rödiger、ザンダー Sander、シェーアー Scheer、リヒャルド・バッツ Richard Batz である。そして議長にはグスタフ・ゲンゼリヒ（アインベック）が、また事務局長にはヘルベルト・ミュラー（ノイルピン）が、それぞれ選任されたのである。その際、彼らの主要な任務となったのは、「なお外部にとどまっているすべてのグループをこの組織に加入させる[11]」ことであった。

さらにこのノルトハイムの帝国会議は、帝国カルテルの規約をも決議した。そのもっとも重要な項目は、以下のようなものである。

（1）事物の必然的な発展の結果、自由経済運動はおそらく短期間のうちに自由経済派諸勢力の総結集が必要とされるような事態の前に立つことになるだろう。それゆえに、すべてのＮＷＯ運動の統一という目標を有するわれわれ自身の隊列内部での対立を止揚する活動こそが、現在のわれわれの差し迫った課題になっている。

（2）こうした対立の止揚や統一のための活動の基礎は、すべての（？）自由経済派の個別的組織がカルテルのように合同することによって作り出されるだろう。このようなカルテル――それが地域組織であれ、総カルテルであれ――の活動内容となるのは、個々の組織の構成員間の個人的関係の確立、見解の相違についての討議、不信の除去、さらには共同活動の準備と実行、演説者の相互交換、共同の広報活動の創出などである。

（3）このような方法によってすべての自由経済派運動の組織的統一を達成するという目標は、まったく不可能なことであるようには思われない。このような目標を追求するという観点からカルテルに加入した組織は、次のような義務を果たさなければならない。オープンに、そして相互の信頼に基づいて活動すること、相互の信頼を高めるような誠実な方法で内部対立と闘うこと、カルテルに加入した他の組織についてのいかなる誤った見解を流布したり支持したりしないこと、そして他のカルテル組織に対するいかなる秘密の目論見をも追求してはならないこと、こうした義務にほかならない。[12]

このような規約は、自由経済同盟と同様にノルトハイム会議にオブザーバーだけを派遣したフィジオクラート闘争同盟の観点に立脚するものでもなかった。そのかぎりにおいて、項目（2）は、いくぶんともタテマエ以外のなにものでもなかった。したがって、個々人のエゴイズム――それを自由なエゴイスト派だけが擁護したのではなかった――は、今や組織エゴイズム――それは、帝国カルテルの地域グループの形成に断固として反対し、その地域主義的要求や指導要求を批判することとなった――に発展することとなったのである。かくして地域的共同行動は認められても、いかなる共同組織も認められることがなかったのである。「別々に行進し、統一的に協議しよう」（アルフレッド・バーダー）が、その結論であった。

4 何も勝ち取れずに溶解した

当初フィジオクラート闘争同盟は、少なくともFFF地域カルテルの形成については支持を与えていた。そのこともあって、一九三二年九月四日に開催されたドレスデンのヴァインベーラ会議でドレスデンとその周辺の自由経済派の地域カルテルが誕生した。

このドレスデンのヴァインベーラ会議は、フィジオクラート闘争同盟と自由経済同盟が同等の存在になるように二人の幹部――ネッツバンド Netzband（フィジオクラート闘争同盟）とシュルツェ Schultze（自由経済同盟）――を選出した。だが、一九三二年一二月には、新しいフィジオクラート闘争同盟の事務局長は次のように書いたのであった。「地域カルテルを創設しても、三つの大きな帝国組織の共同活動の実現に成功しないならば、この新しい組織は胚芽のままに終わってしまうだろう。……カルテル形態の組織を防塁として築くということは、それを再び分解し、新しいものを加えるということを意味しているのである」[13]、と。つまり彼は本当の合同は、ドイツ自由経済党と自由経済同盟をフィジオクラート闘争同盟の中に吸収することにあると言おうとしたのである。

それに対し、自由経済同盟は、帝国カルテルへの加入をノルトハイム規約の若干の変更を条件とした。というのも、自由経済同盟は、三つのFFFがフィジオクラート派の定義に固定されることを望まなかったからである。

他方、ドイツの恐慌なき国民経済同盟だけが、帝国カルテルへの無条件の加入を支持しているように見えた。だが、ほとんどのNWO組織は帝国カルテルにまったく注意を払うことがなかったのである。

こうした状況の中にあって帝国カルテルの議長グスタフ・ゲンゼリヒは、強力な上部組織Dachverbandを確立しようと望んだのであった。それゆえに、彼は、漸次的統一化を実現していくための組織改革案を提案した。だが、この提案に対し、フィジオクラート闘争同盟は、激怒したのであった。というのも、フィジオクラート闘争同盟は、フィジオクラート連合の遺産を要求する一方で、他方では自らをＮＷＯ運動の母と位置づけ、その他のあらゆる組織をその娘と見なしていたからである。そればかりか、フィジオクラート闘争同盟は次のように考えていたからであった。「自由経済同盟は、一九二四年五月にフィジオクラート闘争同盟によって『粉々に破壊されてしまった』がゆえに、彼らはその母体であるフィジオクラート闘争同盟の中に戻るべきである」、と。

こうした帝国カルテルの中には、活動共同体・シルビオ・ゲゼルにその基礎を置くべきであるというまったく異なった見解もあった。（というのも、この活動共同体は、ＦＦＦ活動共同体と同一のものではなかったからである。）この活動共同体は、ブレスラウ、ライプツィヒ、ケルン、ブラウンシュヴァイクそしてフライブルクなどで結成された。「自然的経済秩序」の創始者の名前は、彼らが様々な諸潮流を再び結集させるための——そして実際に結集させたのであるが——架橋として役立つものとなったのである。そして彼らはシルビオ・ゲゼルに関連する祝典ばかりか、講演の夕べをも開催し、それぞれの意見を表明し合ったのである。

ノーダーネイでベジタブル・レストランを経営していたアントン・ノルドヴォール博士Dr.Anton Nordwallは、一九三二年一一月六日の帝国議会選挙でＦＦＦ帝国カルテルの候補者になった。その際、自由経済同盟は、まったくその決定に関与することができなかった。というのも、ノルドヴォール博士はフィジオクラート闘争同盟の構成員だったからである。したがって、自由経済同盟の側にあっては、ＮＷＯ派運動の唯一の候補者の選出に参加する権利を奪われていると感じたのであった。

ＦＦＦ帝国カルテルの地域組織が、ケルン、パットシャイド、ドルトムントそしてその他の地域で形成され、またオスト・ベストファーレン－リッペでは第二の地域カルテルが形成されたけれども、それらの形成は余りにも遅かった。というのも、褐色の大波がまもなくすべてを飲み込むことになってしまったからである。

そうした状況の中でフィジオクラート闘争同盟は、自由貨幣の実現を断念し、通常の銀行券の流通速度の加速化だけをその目的としたノルドヴォール博士の快速貨幣計画提案を取り上げた。だが、その際、ベルリンはその計画から除外されるべきであるとされたのである。[14]

ノルドヴォール博士は、法定貨幣の流通速度の加速化は、私的自由貨幣と同様の影響を与えるだろうと期待した。こうしたノルドヴォール博士の期待のもとにヴェーラ交換ゲゼルシャフト Wära-Tauschgesellschaft は、今や快速貨幣を支払手段として採用することを決議するに至った。彼らは言う。「われわれは原則的には『惑わされることなく』自由貨幣のもとにとどまり続けたいと考えている。けれども、この快速貨幣の意義と目的については［別個に］解明されるべきであるだろう」、と。こうした事態を招いてしまったのは、政治運動が孕む慌ただしさのためであったといえるのかもしれない。

そうした慌ただしさの中でオルデンブルク－オスト・フリースランド自由経済闘争リングは、帝国カルテルをFF帝国闘争リングに名称変更する提案を行った。なぜなら、カルテルという表現は、不快な響きを持っているからである。……彼らは言う。「闘争リングという表現には統一性とともにわれわれの意志に基づく闘争性とが含まれている。[15]」「闘争リングというその名称は、構成員を強固に団結させるばかりか、至る所で『FF構想を実現させるための闘争において最大の推進力』を与えるものとなるがゆえに、あらゆる地域に闘争リングが形成されるべきである」、と。

だが、このような帝国カルテルは、実際には闘争組織であるよりも、FF内部の外交機関であったといってよいだろう。そうであっても、自由経済女性同盟（フライブルク）、労働全収益労働組合（ブッパータール）のような組織からは何の応答もないままであった。

このような状況の中で、帝国カルテルは、選挙のための協議を行い、すべての地区でその協議を完了させることができた。そして帝国カルテルは、自らの活動を行うための寄付金を募るため、ＦＦＦの全組織に次のように呼び掛けたのである。

われわれの活動を遂行するために、われわれはすべての地域に信任者を置くことを必要とするものである。われわれは、あらゆる人々からの信頼を獲ち得るとともに、帝国カルテルに加入したあらゆる組織やグループとの真の共同活動をなおいっそう大きな活動へと指導し、実行することのできるような共闘者の参加と提案とを望むものである。(16)

これまでただひとつだけ組織として帝国カルテルに加入していたフィジオクラート闘争同盟は、一九三二年一一月に次のように主張したのであった。

フィジオクラート闘争同盟が選挙への参加を約束しながら、それに参加しなかったのは、候補者ノルドヴォール博士に対する自由経済同盟の反対によって大量のＮＷＯ支持者の票が失われてしまう可能性があったからである。

このような背景には、ＮＷＯの様々な諸潮流の社会的統合を実現しようとする努力が進行中だったということも無視できない。ここで、帝国カルテル内部の政治的同盟者たちは、ひとつの精神的基礎を獲得すべきであった。カール・リスト Karl Rist は一九三一年一一月に、様々な諸潮流の「社会的交通調整」によってＮＷＯ運動の精神的な固定通貨制度というべきものを建設するという目標をもって、こうした試みを開始したのであった。リストは言う。「このような目的のために、個人主義と社会主義の間の不可避的な衝突を解消するための、個人の権利と社会の権利の関係が研究されるべきである」、と。

リストは、なによりもまず自由経済の様々な概念を明確にし、それらを相互に調和させるための研究の夕べを催した。そこで示された彼の均衡理論は次のような内容のものだった。

すべての出来事は均衡的に秩序づけられている。ひとつの構成要素のあらゆる変更は、数学的方程式の内部ではその他の構成要素の変更を要求するばかりか、そのような変更を強要する。つまり、全体的変革は不可能であり、あらゆる変更は相対的なものでしかない。なぜなら、すべての存在するものは、それがポジティブなものであれネガティブなものであれ、相互に一定の関係の中にあるからにほかならない。知識もまた、均衡化法則に従う。それゆえに、だれも全体的真理などを持ち得ないのである。いかなるＮＷＯの潮流でもそうである。したがって、彼らの限定された知識は、他の諸潮流と結合した場合にだけ拡大できるにすぎないのである。

さらに彼は言う。

帝国カルテルが次のような決議を行えば、すなわち現存のいかなる組織にも加入していないＦＦＦ活動共同体がその構成員を獲得できるのは、「彼らが帝国組織に加入する」[17]という前提条件のもとでだけであるという決議を行えば、帝国カルテルは組織エゴイズムにも十分対処できるだろう。実際、帝国カルテルには三つの組織しか存在していない。自由経済同盟、フィジオクラート闘争同盟そして自由経済党である。したがって、この決議が役立つのは、彼らだけでしかない。この決議を採択した場合、帝国カルテルの基礎をすぐに再び破壊してしまうような組織的強制の影響が及ぶことになるだろう。そしてこのような帝国カルテルという自由な活動共同体の基礎は、様々な組織の構成員ならびに未組織者たちから構成されることになるだろう。

したがって、ある組織から分裂したグループは、この組織の幹部会が同意した場合にだけ、帝国カルテルに加入できるにすぎないという規制が加わることになったのである。かくしてカルテルは、こうした組織を自らの管理下に置かざるをえない運動機関になってしまった。その結果、カルテルはすべての組織の独占的代表権を持とうと考えている三つの独占家によって管理されることになったのである。（このような風潮は、特にフィジオクラート闘争同盟に特徴的であった。）けれども、彼らは上述の決議を帝国カルテルにとって不都合なものと考え、その決議を放棄し、財政的分担金の支出を中止したのであった。かくしてフィジオクラート闘争同盟は、最終的に自らの新しいカルテル、すなわちヴェーラ同盟を創設したけれども、それとともに国民社会主義に反対するＮＷＯの統一フロントを形成する最後の機会を失なってしまうこととなったのである。

原　註

（1）Letzte Politik 17/1932
（2）Wiener Arbeitszeitung 10.4.1932
（3）FKB-Mitteilungsblatt 5/32
（4）Letzte Politik 14/1932
（5）Letzte Politik 15/1932
（6）Letzte Politik 34/1932
（7）Letzte Politik 35/1932
（8）Letzte Politik 35/1932
（9）Letzte Politik 35/1932
（10）Letzte Politik 41/1932

（11）Letzte Politik 40/1932
（12）Letzte Politik 21/1933
（13）FKB-Mitteilungsblatt v.24.12.32
（14）Letzte Politik 49/1932
（15）Letzte Politik 46/1932
（16）Letzte Politik 45/1932
（17）Letzte Politik 45/1932

第九章　「自助イニシアチブ」と「FF実践」

一九二三年にはすでにチューリンゲンの町カーラでは、インフレーションを阻止するための緊急通貨が導入された。[1]だが、その導入は、外見的にはシルビオ・ゲゼルの提案とはもとより、NWO運動とも無関係になされたものだった。自由経済同盟FWBやフィジオクラート闘争同盟FKBの内部でも、これと同様の計画が、すなわち減価していく私的割引商品券をさしあたりひとつの町に流通させるという計画が、生まれていた。[2]けれども、彼らはそのような計画を実行するには至らなかった。しかるにこうした「自助イニシアチブ」〔訳者注：「自助イニシアチブ」とは、緊急通貨、地域通貨そして自由貨幣などの貨幣実践計画のことと思われる〕は、自由経済派の選挙による道も、フィジオクラート派の革命的ゼネラル・ストライキによる道も政府権力の奪取には至らないことが明らかになった後に、初めて誕生したのであった。かくしてアナーキストの暴力的「行為によるプロパガンダ」（バクーニン）とは全く別の「自助イニシアチブ」という「行為によるプロパガンダ」の方法が重視されることになったのである。

ニデケール博士 **Dr.Nidecker** は、こうした自由経済派の「自助イニシアチブ」の必要性を次のようにして基礎づけた。

「今日の人間は、金への信仰をまったくもって放棄していない。[3]」したがって、まず最初にそうした信仰を一度動揺させる必要がある。だが、自由貨幣の場合にも、自由貨幣が純粋な交換手段として流通するや否や、数量説が妥当するものになる。（その理論によれば、供給が減少し、需要が増加するならば、商品の価格は騰貴する。）

自由貨幣が流通強制のもとにないならば――同じく自由貨幣が蓄蔵される場合には――、自由貨幣もまた全般的価格騰貴に導くかそのような全般的価格騰貴を促進する可能性を持つことになるだろう。したがって、自助活動に際しては、まず最初にそのことに注意が払われるべきである。

ちなみに私にとってここで重要となるのは、事実の単なる記述ではなく、自由経済派の「行為によるプロパガンダ」の個々の形態と結び付いた観念である。というのも、その観念の背後には、全く異なった人間像や世界観が存在しているからなのである。

1　労働の自助ＳｄＡと生産者運動

自由経済派による政治権力の獲得ということに最初に疑問を抱いた者の一人は、民族主義的心情をもっていたエルンスト・フンケル博士 Dr.Ernst Hunkel だった。彼は問う。「われわれの理論についての啓蒙やその実現に向けての政治的支持の獲得などを通じてわれわれは政治権力を獲得できるのだろうか[4]」、と。さらに彼は問う。「生産者の状態を改善し、彼らの労働収益を高めるために、実践的に可能になるものとは何か」、と。そして彼は答える。「ＮＷＯ運動が大衆を獲得するためには、彼らにゲゼルの理論の正しさを確信させるとともに、その正しさを示すような具体的な何かを彼らに提供しなければならない」、と。その際、フンケル博士は、合目的的な組織と頑強な意志があってこそ、「プロレタリア的貨幣権力の確立を大いに可能にしてくれる[5]」と確信していた。「そうなった場合、生産者は重要な市場問題にも介入できるようになるだろう。それゆえ、われわれは預金者に次のように呼び掛けるべきである。『君たちの貨幣を銀行や貯蓄金庫といった略奪者の巣から引き出して、指数金庫 Indexkassen に預け入れるようにしたまえ。』『それと同時に人々は、住居不足に対して何ができるのかも考えなければならない』」、と。

いずれにしても、彼が次のように主張したことには疑問の余地がない。「理論や遠い未来の目標によっては、大衆の政治的意志を一度として燃え上がらせることはできない。そうできるのは、直接可視できて、だれにでもすぐに分かるような具体的個別問題をめぐる闘争である。この闘争こそが、プロレタリアートの『統一フロント』を作り出すことができるのである」、と。

フンケル博士によれば、自由経済同盟とフィジオクラート闘争同盟の中には、そのような実践的課題に特に適している諸力が十分に存在しているけれども、彼らはこの二つの同盟の内部においても十分な影響力を発揮するに至っていない。だが、この二つの組織と並んで真の生産者の運動が存在するようになった場合には、非利己的かつ寛大さを信条とした労働の自助 Selbsthilfe der Arbeit: SdA はどう位置づけられるのだろうか。フンケル博士はその問いに答えを出すべく、労働の自助運動の形成に着手したのであった。だが、彼はこの二つの組織の留保と反対とに直面することになってしまったのである。

しかるにフンケル博士が形成しようとした労働の自助ＳｄＡは、一九二六年に誕生し、ヴァーラＷＡＲＡという名称の一種の自由貨幣を発行した。労働の自助理事会の一員であると同時に、自由経済同盟の幹部会員でもあったペーター・ベンダー Peter Bender は、会議で彼の講演旅行中に多数の店舗やホテルが「ヴァーラ」での支払いを受け入れるようになったという報告を行ったのである。

ところで、この労働の自助は、自分たちは「自助を行うことで、不労所得の犠牲になっている自らの労働収益を増加させると同時に、失業と闘いそして自らの貯蓄が減価することを防ごうとする」（原則項目1）生産的人間の団体であると自己了解していた。彼らは、このような目的を実現するために指数銀行 Indexbank を設立した。さらに彼らは、持ち家を実現するための融資を行う住宅貯蓄組合をも設立したのである。このような機構を確立した上で、彼らは、額面価格が規則的に減価していくサービス商品券を発行することによって、商品売上高を加速度的に増加させようとしたのであった。そればかりか、フンケル博士は、経済的に不利な状態にある女性でも、――彼女が労働の自助の構成員であるならば――、無利子の貸付ないし低い利子の貸付によって土地を購入できるような信用の形成をも考えたのであった。それとともに、フンケル博士は、労働力の過剰供給を制限し、「人口の増加を食料規模に適応させるための」、より大規模な移動の自由を促進しようとしたのである。

フンケル博士は主張する。「全ドイツ国民に自由経済派の見解を教える授業が授けられるならば、それは、あらゆる理論的啓蒙やプロパガンダ以上の影響力を無限に発揮できるものとなるだろう」、と。さらにフンケル博士は次のことをも強調した。「自由経済派の自助運動の形態は、マルクス主義派の労働運動の形態（労働組合と消費組合）を模倣するのではなく、オリジナルなゲゼル学説の本質から生じるものでなければならない。『なぜなら、われわれは社会問題を貨幣サイドから解決しようとするからである』」、と。他方、フンケル博士は、自由地を作ることをも望んだ。その際に、彼がこの「自由地」のモデルとしたのは、一九一九年に彼がゾントラに設立した民族主義的定住地ドンネルスハークだった。(6)

こうしてフンケル博士は、自由経済派の人々やフィジオクラート派の人々の中で、労働の自助に関心のあるすべての人々は、それぞれが属する同盟を越えた労働の自助委員会に結集せよという提案を行ったが、それは何の成果も得られなかった。自由経済派のイデーを経済的事業で実践しようとしたこうしたフンケル博士の試みは、自由経済同盟の構成員の中に強力な反響をもたらしたことは事実であるけれども、その反響も自ずと消滅するに至ってしまうものでしかなかった。なぜなら、その実践は「利子経済の基礎」に立っているがゆえに、自由経済への「不信をもたらす」(7)ものになりうるものだったからである。かくして、その実践は、自由経済への死刑宣告に等しいものとなったのである。

こうした労働の自助SdAは、ドイツばかりでなしに、オーストリアにも存在した。その地の労働の自助は、一九三三年の段階では次のような二重の形態で登場した。

(a) 購買力貯蓄協同組合という形態
(b) 経済的自助共同体としての自由地（土地取得共同体、庭園共同体、建設共同体、住居共同体そして定住地共同体）という形態
(c) 貯蓄機構（ＮＷＯの建設貯蓄金庫――貯蓄と信用の機構のための新しい経済組織――）という形態

この三つの形態を、フンケル博士は、ウィーンを本拠とする「オーストリアのあらゆる職業の生産的かつ貯蓄する人間たちの同盟」へと統合し、この同盟に宣伝を依頼すると同時に、自らの印刷物をも送付したのであった。こうした両者の関係は、一九三五年にもなお続いていたのである。

以上のような、一九二九年に登場した生産者運動は、労働組合に敵対的なものとなった。「私経済的な集産的援助[8]」という彼らの道は、権力への意志活動によって、固定通貨制度の実現に導くべきであり、そして、最終的には私的株式会社の貨幣管理を帝国通貨局に任すことになるべきであった。またこのような生産者運動は、自分自身の出版社をもつことになったが、その中核となったのは、フンケル博士が最終的に自由経済同盟やフィジオクラート闘争同盟と並んで創設した労働の自助同盟 Bund Selbsthilfe der Arbeit であった。だが、この同盟は公的には現れず、雑誌上でだけ現れたにすぎなかった。この雑誌では、「生産者」が「強欲者」、すなわち「不労所得者」に対峙するという構図が描かれたのである。

２　フィジオクラート派の自己保険

あるフィジオクラート――その名前は残念ながらもはや分からないが――は、一九二四年の末ないし一九二五年の初めに、他の労働者とともにマンハイムとルードビッヒスハーフェンで自助協会 Selbsthilfe-Vereinigung を創設し

た。この自助協会は、主として老人と就業不能者とを対象とする保険機構であった。その保険料は、平均指数にしたがって決められたので、可変的なものであった。このような事業はきわめて魅力的に作用したため、協会は毎月一〇〇名ずつ保険加入者を増加させたのであった。その一年半後には、協会はすでに二、〇〇〇人の協会員を擁し、五〇、〇〇〇マルク強の保険金を持つにいたったが、(9)その後この協会がどうなったかについてはよく分かっていない。

3 ドイツ経済共同体DWG

ここで取り上げるのは、NWO運動中最も拡大したと思われているにもかかわらず、まったく知られていない運動機構である。

この運動機構の創立者は、ヴィル・ノエベ Will Noebe だった。この運動機構は自らを、自由経済同盟やフィジオクラート派諸組織の枠組みをはるかに超えた文化運動と経済運動の中心であると自己了解していた。こうした彼らの本拠はバード・ザクサであった。そしてその地にこの機構の中核として、公益のために活動する協同組合－中央銀行が設立されたのである。

ノエベによれば、生活や社会の中にあるすべてのものは、人間の内的価値と内的性質に依存している。このような性質からその運命が論理的かつ必然的に生じるのである。それゆえに、人間と社会の状態は、われわれ自身が「より良い存在」になり、「より良く」行動することを学んだ時にだけ、より良いものとなるにすぎない。個々人（そして社会）の内的状態がその外的形態、すなわち日々の生活や経済的事実を規定する。言い変えるならば、生活がもつ意味は、精神的原像にしたがった自己達成のことであり、それは、種子のようにわれわれの中に沈殿していくのである。したがって、われわれが幸福になれるのは、このような原像がわれわれ自身の手によってわれわれの人格になった場合だけでしかない。古代以来の人類の自由をめぐる闘争は、すべての個々人に自らの精神的原像の達成を許してくれるような生活の可能性を作り出すことをめぐる闘争のことにほかならない[10]。このことが、あらゆる社会的闘争の本質、すなわち革命と文化戦争の本質なのである。その障害物となるのは、部分的にはわれわれの性格のうちに、また部分的には経済的状態にあるといってよいだろう。とりわけ資本主義は、無慈悲にもわれわれの最良の力をむさぼり食う存在である。したがって、貨幣権力の保有者としての「資本主義は、パンと労働が問題になる場合、冷徹にも万人に自らの理想を否定するように強制するのである」。

ノエべはさらに言う。「けれども、その逃げ道はすでに明らかとなっている。かくして衆人の前で新しい家、つまり新しい社会秩序の概要を示さなければならない。」「われわれは、この新時代の概要となるものをわれわれの運動やわれわれの国民銀行の中に作り出さなければならないと信じるものである。だが、その点において、われわれが歴史を書いて以来、われわれは、初めて貨幣を精神に奉仕させることに成功しているのである[11]」、と。

そしてノエべは問う。「ところで、われわれは無利子の資本をいかに作りだしたらよいのだろうか」、と。彼の答えは以下の通りである。「自由貨幣改革が実行される以前にあって、無利子の資本を作り出すには、『自らの貨幣自体を一定の固定的税率形態のもとで無利子でも貯蓄する』といった経済的人間たち相互の取り決めによってだけ可能となるにすぎない」、と。このような原則に立脚してドイツ経済共同体 Deutshe Wirtschafts-gemeinsschaft: DWG の貸付部門が構築されたのである。それゆえ、ドイツ経済共同体ＤＷＧは、大規模に資本を集め、ひとつの経済的権力を創出する必要があったのである。

だが、ドイツ経済共同体の国民銀行は、そのような貯蓄を無利子経済のパイオニアとして育成・推奨しなければならなかったにもかかわらず、そのような貯蓄目的にはほとんど関心を払うことがなかったといってよい。彼らが感心をもったのは、われわれの地域で達成可能となる貯蓄額の総計であった。このような目的に奉仕したのが、貯蓄部門である。したがって、投下された貨幣は、「きわめて良い利子」を生むことができるように管理されるべきであるばかりか、購買力を維持できるようにも管理されるべきである、と。そして彼は言う。「われわれの国民銀行のもとで働かないすべてのマルクは、必然的かつ自然的にわれわれとわれわれの運動に敵対的に活動するものでしかない」、と。

最終的にドイツ経済共同体DWGは、購買力貯蓄金庫の中央銀行として現われ、休日貯蓄金庫を所有した。その貯蓄目的は、自分たちの保養宿泊施設「ツィールブルク」の滞在費の五〇％を信用払いできるという点にあった。

このようなドイツ経済共同体の精神的モーターの役割を果たしたのは、ひとつの精神的な目的運動、すなわち自らの全人格の内的かつ外的解放の仕事を自らの仕事と感じる「誠実で行動力のある人間の自由な連合［への志向］」であった。彼らは、万人に対する万人の呵責なき闘争を引き起こす高度資本主義に対する闘いを理想主義の基礎上で行うことを望んだのである。だが、「貨幣は稼ぎ、貨幣は幸福にする」というドイツ経済共同体の広報誌のこのタイトルは、彼らの理想主義に疑念を抱かせるものであった。とはいえ、それは「世間離れしたもの」でも「狂信的なもの」でもなく、「現実に近いもの」かつ「生活感のあふれたもの」であった。

こうした目的運動は、一九二五年七月に誕生した。多くの地域や多数の邦国で誕生した活動共同体の中から、漸次ドイツ経済共同体が、財政的基盤をもつことなく、しかもひとつのイデーという精神的資本だけで誕生したのである。こうしたイデーは、ヴィル・ノエベから生まれたが、その後ヴィルヘルム・ベックマン Wilhelm Beckmann やその他の自由経済主義者たちが彼の仲間に加わった。彼らは言う。「われわれの国民銀行の経済的かつ金融技術的建設は、第一世代の国民経済学者——その中心に一九三〇年三月に死去した国民経済学者シルビオ・ゲゼルがいる——の四〇年にわたる研究と運動のクライマックスなのである」、と。またラオウル・H・フランス教授・博士 Prof. Dr.Raoul H.France も、自らの生活理論によってその精神的代父の役割を果たした。彼は、一九二八年以来この精神的な目的運動の定期刊行物であった『目的』（後にそれは『テロス』と改称された）の主要な寄稿者になっていた。さらに目的出版社——この出版社は、近代の生活知識や経済的出来事についての多数の著書を出版したが——も形成されたのである。

この出版社は、ドイツ経済共同体の特別な機関誌として雑誌『経済と自由』を発行した。その指導的原理となったのは、「団結は、利子隷属制に抵抗する力を強大にする」というものだった。一九三二年には、ドイツ経済共同体の会員、支持者、シンパたちの合計は一六、〇〇〇人と言われ、彼らは、ドイツ、オーストリア、ジーベンブュルゲン（ルーマニア）、イングランド、フランス、オランダ、スカンディナビア、スイス、カナダ、ラテンアメリカ、北アメリカなどに及んでいた。その際、会員と見なされたのは、この二つの雑誌のどちらか一冊を予約購読していた者たちだった。このような精神的な目的運動が強調したのは、次のことであった。このような目的運動は、当初その重心を大衆への影響におくのではなく、「むしろ価値のある人々の淘汰」におくべきである、と。だが、ドイツ経済共同体自体はそのような高い要求とは無関係であるかのように見えた。

他方、ドイツ経済共同体は、バード・ザクサの中央事務所の他に、多数の地方事務所を意のままにできたということが知られているけれども、彼らの貯金者の人数や資本の規模については何も知られていないままである。組織という観点から見るならば、もっとも拡大した基礎を作り上げることに成功したのは、オーストリアの経済共同体 Wirtschaftgemeinschaft im Österreich だった。だが、ドイツにおけるナチス体制の確立後、オーストリアの経済共同体はただちに組織的鞍替えを行い、自らを行動共同体 Tatgemeinschaft と呼んだ。その創立大会は一九三三年七月一〇日にリンツで行われた。ヴィル・ノエベの他にブルーノ・シャリープハッケ Bruno Schliephacke やその他のドイツの自由経済主義者たちも参加した。彼らは、経済的自助活動を越えた理想主義的な文化運動を作り出そうと望んだのであった。彼らは言う。「生産者との結び付きを忘れてしまった昨日の人間から、明日の人間が作り出されなければならない。こうした人間が作り出されたならば、彼らは『外的自由は、知識と愛に溢れた人間の内的自由と手に手をとって進む場合にだけ勝利できるにすぎない(12)』という解放意識を浸透させることになるだろう」、と。

こうした行動共同体（目的運動）の特別な任務となったのは、自由経済思想をオーストリアの中心地に普及させることであった。というのも、彼らは、ドイツにおける国民社会主義の権力獲得に直面した結果、オーストリアにおける権威主義的なドルフス体制のもとでの類似の発展を阻止しようと望んだからである。

リンツ出身のヨーゼフ・グリースラー Josef Griessler は、創立大会の全体集会で基調演説を行い、行動共同体の準備と目的について次のように報告した。「行動共同体は、（1）技術者部隊、経済的部隊と文化的部隊そして（2）（自由地の）母国同盟とから編成される」、と。

この三つの部隊と母国同盟は、ひとつの執行委員会によって統御されることになった。そして執行委員会のメンバーには、選挙の結果満場一致で次のような人々が選出されたのである。ヨーゼフ・グリースラー、ヨハン・クリュークル Johann Krükl、パウル・エダー Paul Eder、ヨーゼフ・ハンメルル Josef Hammerl（文筆家）、アロイス・グッテンベルガー Alois Guttenberger、ハインリヒ・アンゾルゲ Heinrich Ansorge、ヴィクター・グシール Victor Gschiel、アウグスト・ツェラー博士 Dr.August Zöhrer、アントン・ミッテルレーナー Anton Mitterlehner、エルンスト・ヒルデブラント技師 Ing.Ernst Hildebrandt、エゴン・ウルバン Egon Urban、シュテハン・ヴェゲレーラー Stefan Wögerer。また上述の三つの部隊が自由に使えた人々は、とりわけレオポルディーネ・グリースラー Leopoldine Griessler、テレーゼ・アイゲルスベルガー Therese Eigelsberger そしてイダ・シュトラーデル Ida Stradel、オーストリア自由経済派の長老であるウデ教授、更にはルートヴィヒ・ハインリヒ Ludwig Heinrich、カール・シンドラー Karl Schindler、マティアス・シャッハル Mathias Schachl などであった。

さらにヴィル・ノエベ Will Noebe、オットー・シュラント Otto Schlandt、ルードヴィヒ・ボック Ludwig Bock、ハンス・ブルクシュターラー Hans Burgstaller などから構成された名誉委員会が選出されたが、ヴェルグルの社会民主党員の町長ミカエル・ウンターグッゲンベルガー Michael Unterguggenberger もこのような行動共同体の名誉委員のひとりに選出されることになった。そして閉会の辞でヨハン・クリュクルは、次のことを強調した。「自由経済だけが、暴利を貪る資本主義を終焉させることができる。[13]」そしてそれとともに、自由経済は「失業者に労働の可能性を提供することができる」、と。

この時期のドイツとオーストリアの政治情勢を考慮すれば、こうした行動共同体は、国民社会主義と祖国防衛隊といったファシズムに対するＮＷＯ運動の最初の抵抗組織、否、自由経済派内部の唯一の抵抗組織であったといえるだろう。

4 フィジオクラート闘争同盟ＦＫＢのヴェーラ活動

ドイツのフィジオクラート闘争同盟ＦＫＢは、一九二五年一一月のケムニッツ同盟大会において「同盟の内部に一種の自由貨幣を作る」ことを決議した。彼らによれば、それは第一に、理論によるだけでは少数の人間しか説得できないがゆえに、だれをも説得できるような具体的な宣伝手段として必要となった。また第二に、それは資本主義的貨幣独占――それはまず最初に貨幣ストライキ批判の中で問題にされ、最終的に打破されるべきものと考えられていたが――に反対する直接的政治活動として必要となった。換言すれば、フィジオクラート闘争同盟は、この「ヴェーラ商品券 Wära-Gutscheine」が利子下落的かつ賃金引上げ的に作用することを期待したのであった。そればかりでなしに、彼らは全般的な自由貨幣ばかりか、将来の世界通貨イヴァＩＶＡをも準備したのである。（彼らと同様にゲゼルもまたこのような提案を行っていた。）彼らは言う。「ヴェーラ Wära を越えてイヴァＩＶＡに至る道、それこそがわれわれが歩むべき道である！」、と。

フィジオクラート闘争同盟は、こうしたヴェーラ自由貨幣 Wära-Freigeld 発行の意義を次のように主張した。

ヴェーラ自由貨幣 Wära-Freigeld の発行は、将来人類史におけるもっとも重要な出来事として忘れられることはないだろう（ゲルダーブロム O.Gelderblom）。

かくしてフィジオクラート闘争同盟は、あまりにも高い、否空想的ともいえるような期待を抱き、それを育むことになったのである。フィジオクラート闘争同盟は言う。

ヴェーラに出資したすべての者は、ただちに「自然的経済［秩序］」を営むことができるだろう。ヴェーラ商品券をこれやあれやの商品の支払いとして受け取る商人を獲得した者は、自由貨幣の直接的導入に寄与したことになるだろう。

このようなヴェーラ商品券の導入によって理論と実践の間のギャップが完全に埋められたわけではないにしろ、少なくとも架橋されることにはなったのである。いずれにしても、こうしたことが意味するのは、フィジオクラート闘争同盟は、今や、無益にも革命を待ち望んでいるその構成員たちの活動渇望を有益な道に向けるために何事かをなさねばならない状況にあったということなのである。

他方、労働の自助ＳｄＡもまた、商品券の発行を行った。彼らはそれにヴァーラＷＡＲＡという名称を付けた。その結果、不愉快な競合が生じることになってしまい、こうした競争の中でヴァーラは排除されてしまった。というのも、ヴェーラ委員会 Wära-Ausschuss と労働の自助ＳｄＡ事務局間の協議は、交換ゲゼルシャフトという枠内での組織的合同に導びき、そしてその合同組織をまもなくフィジオクラート闘争同盟が支配したからであった。かくしてフィジオクラート闘争同盟は、労働の自助によって作り出された交換手段にヴェーラ Wära という名称を与え、その交換手段を二つの組織の全構成員は受け取らねばならないと決議したのである。だが、フィジオクラート闘争同盟がそのこと以上にしなければならなかったのは、この交換手段を商人のもとで宣伝することであっただろう。

一九二九年一〇月二〇日のヴェーラ交換ゲゼルシャフトの方針の中で、この商品券にも（銀行券の場合と同様に）連続的通し番号が付けられることとなった。

それらは、一年ごとの流通期限をもち、期限切れの一四日前に新しい商品券、すなわち異なった色と異なった図案を有する新しい商品券と、交換されねばならなかった。

ヴェーラ紙幣は、規則的な時間間隔で減価していくが、さしあたりその一〇〇分の一の額のシールを貼ることで清算される。

事務局長は、その地域の交換所で貼付け印紙を額面価格の五〇％で販売する。そして交換所は、その施行日までに貯えられていたヴェーラ紙幣の減価分を担わなければならない。

「一ヴェーラは、その年の指数変動が五％以上でなければ、一帝国マルクのコストになり、その額で一帝国マルクを購入する。(14)」

地域の交換所は、一九三一年の末には五〇のドイツの都市で開設された。またスイスでも――そこでも同様にヴェーラ交換ゲゼルシャフトが形成されたが――相当な数のヴェーラ紙幣がフィジオクラート闘争同盟によって発行されたのであった。その際、この二つの交換ゲゼルシャフトは、自己の営業所を手に入れるか、新たな交換所を開設するかした。そのことは、フィジオクラート闘争同盟の財政状態の改善に少なからず貢献することとなったのである。というのも、その構成員の会費だけでは、事業経営を維持したり、ビラを発行したりまた他のことをしたりするには少なすぎたからである。かくして、今やフィジオクラート闘争同盟の構成員がもつヴェーラ紙幣の減価額は、フィジオクラート闘争同盟の金庫の中へと流れることとなったのである。だが、それに対し、次のような批判が浴びせられたのである。「利子と闘っているフィジオクラート闘争同盟の人々が、自らの陣営の人々から利子を徴収してもいいのだろうか」、と。こうした抗議は、ウルムの交換ゲゼルシャフトのフィジオクラート闘争同盟からの分離という事態となって現れることになったのである。

他方、ヴェーラで遂行される事業に融資するための特別な協会も作られた。ヴェーマー Wehmer とティム Timm によって設立されたこの協会は、交換ゲゼルシャフトの負担を軽減し、かつそこに「介入する機関」として誕生したのであった。この協会では、きっと利子のない信用というものが提起されたのだろう。

以上のヴェーラ発行事業の中でもっとも重要なケースとなったものは、停止した鉱山の操業を再開するために四〇、〇〇〇ヴェーラを投資したシュヴァーネンキルヒェンの場合であった。なぜなら、この事業が初めて公的に明らかになった時、この事業は、――最初から実業界の人々のもとにも強力な共鳴があったハンブルクを例外にすれば――、多数の人々に影響を与えることになったからである。

このシュヴァーネンキルヒェンの鉱山を競売で購入したのは、鉱山技師ヘベカー Hebecker であった。だが、彼には、操業を再開するための資本が不足していた。なぜなら、銀行は、彼にいかなる信用も供与しなかったからである。それに対し、ヘベカーに信用の供与の用意があると申し出たのは、ヴェーラ交換ゲゼルシャフトや先述の協会だけだった。こうしてヘベカーは、ヴェーラ交換ゲゼルシャフトや先述の協会の支援を受けながら生産を再開しなければならなかった。今や彼は、生産を再開するために差し当たり六〇人の鉱夫を再雇用し、それに見合った額のヴェーラを再び支出することとなった。その際、彼は、鉱夫の賃金の九〇％をヴェーラ紙幣で支払ったけれども、このヴェーラ紙幣を支払い手段として認めていた商人たちも、当初はその受け取りを拒否したのであった。だが、ヘベカーが、鉱夫たちが望む商品を交換ゲゼルシャフトの会員企業に注文し、自己の売店でヴェーラと引き換えに販売し始めるや、商人たちはヴェーラでの購買にしぶしぶと譲歩したのである。

こうしたシュヴァーネンキルヒェンの例に学ぶために、その近隣地のヘンゲルスベルクやシェルナッハに講座が開設され、衰退した経済はヴェーラによって再生し、ほとんどの失業も（一時的に）除去できるということが教えられたのであった。そして人々は、これらの地域を「バイエルンの森の中のヴェーラ島」と呼んだのである。

ヴェーラ交換ゲゼルシャフトは多数の企業を加入させ、一九三一年一〇月には千社をはるかに越える規模になった。けれども、ここで私の注意を引くのは、それらのどの工場も良好な状態にはなかったということである。ほとんどの会員企業は、手工業的性格のものだった。たとえば、パン屋、肉屋、酪農家、美容院、手芸品業者、印刷屋などであった。あるいは彼らの多くは商人やサービス業の出自の者たちであった。それでも、彼らは公的に次のような告示をした。「うちではヴェーラを受け取る」、と。そして彼らの賃金や給料も、部分的には鉱夫と同様にヴェーラで支払われた。これらの紙幣は、「恐慌を引き起こすような蓄積を阻止する流通推進力を備えたものだった[15]」が、もし商品の購入に使用しなければ、月々の追徴金が課されるというものでもあった。それゆえに、人々はその紙幣の流通を確実にする並行通貨と呼んだのである。人々は、その紙幣をヴェーラ為替交換所で貯金として預けることで、減価料金を免れることができた。それ以外にも、この紙幣の額面価格は、毎月その額面価格の一％の印紙を貼ることで保持されたが、すべての箇所に印紙が貼られた紙幣は、その年の末に新しい紙幣と引き換えに交換されることになった。

このようにシュヴァーネンキルヒェンのヴェーラ紙幣発行を支えたヴェーラ交換ゲゼルシャフトは、その規約によれば、失業と販売不振と闘うための民間団体であった。彼らの経済的目標は、彼らの構成員の商品交換とサービス交換を容易にすることにあった。けれども、ヴェーラは、その他のあらゆる緊急通貨とともに帝国大蔵大臣の通達によって一九三一年一〇月に禁止されてしまったのである。

5　ヴェルグルの実験（一九三二年）

オーストリアは、ヴェーラ活動を別にすれば、ＮＷＯ派の「自助イニシアチブ」運動のもっとも重要な実践的中心地であった。つまり、オーストリアではフンケル博士の労働の自助はもとより、ノエベの目的共同体も、きわめて深くその根をおろしていたといってよいだろう。

こうしたオーストリアだったからこそ、ヴェルグルの実験は自由経済の実践可能性を全面的に示すものであるという神話が生まれることになったのである。オーストリアの人々は言う。「このことは反論の余地なく証明されている。かくしてゲゼルの喜ばしい福音は、全世界を納得させるような根拠をもつものになっている」、と。

チロルの町ヴェルグルの実験の出発点となったのは、町の行政機関のトップである町長に社会民主党員が選出されたことにある。彼は、「錆びていく銀行券」という考えに基づいたヴェルグルの実験を導入した。そのことは、いつの日にか社会民主党が「錆びていく銀行券」という自らの思想を実現するだろうし、しかも最良の形で実現するだろうというゲゼルの期待を証明したかのように思われたのであった。だが、ゲゼル自身はこの実験を体験することはできなかった。なぜなら、ゲゼルはこの実験が導入される二年前に死去していたからである。

このヴェルグルの実験を導入したオーストリア社会民主党員の町長ミカエル・ウンターグッゲンベルガー Michael Unterguggenberger は、シュヴァーネンキルヒェン鉱山のヴェーラ信用のことを聞いていた。そのことが、一九三二年の春に住民数四、二〇〇人のうち四〇〇人の失業者を抱えていた自分の町の緊急援助活動を考える際のきっかけを与えることとなったのである。

当時のヴェルグル町の税収は落ち込み、町の債務は一三〇万シリングに膨れ上がっていた。そしてすべての地場産業は生産を制限し、従業員を解雇しなければならない状態にあった。それに対し、社会民主党員の町長ミカエル・ウンターグッゲンベルガーはどのように緊急援助策を行ったのだろうか。

ミカエル・ウンターグッゲンベルガーは、ゲゼルの『自然的経済秩序』を読み、そこから緊急援助策を案出したのである。

ミカエル・ウンターグッゲンベルガーは言う。「減価する貨幣を発行するならば、その貨幣の助けを借りて町は空になった金庫を満たし、町の経済を再び活性化できるだろう」、と。かくしてウンターグッゲンベルガーは、町民集会において次のような内容の彼の地域緊急援助綱領を提案したのである。

現存の経済的麻痺状態の主要な原因は、緩慢な貨幣流通にある。中央銀行が発行した不活発な貨幣は、ヴェルグル町内域では、交換手段としての役割を通常の貨幣よりもより良く果たすだろう流通手段に置換されなければならない。

こうした緊急援助綱領は、町民集会において強力な支持を得るとともに、住民投票においても多数の支持を獲得した。そして一九三二年七月五日の地域福祉委員会においてすべての政党の代表者の全員一致の下でこの緊急援助綱領が採択されたのであった。かくしてゲゼルの「減価する貨幣」の道がここに開かれることとなったのである。

まず地域福祉委員会は、町財務部によって購入される三二、〇〇〇シリングの労働証券紙幣を印刷した。その紙幣には、「窮乏する者たちに労働とパンを与えよ。ヴェルグルの緊急援助」という銘文が書かれていた。

またこの労働証券紙幣の種類としては、一〇シリング、五シリング、一シリングの紙幣が存在した。月ごとにその一％の価値を減価させていくこれらの紙幣の額面価格は、当初町の管理委員会のスタンプによって保持されたけれども、次第にこのような減価を阻止するには、その時々の労働証券紙幣の所有者が労働証券紙幣の所定の箇所に減価分の印紙を貼らなければならないようになった。（だが、労働証券紙幣の所有者はいかなる場合でも月ごとに額面価格の一％を失った。）そして年末には、この古い紙幣は新しい紙幣と交換されるべきとされたのである。また町は、いかなる時にも額面価格の二％の手数料で労働証券紙幣を通常のシリングに兌換するという義務を負うものであった。

かくして額面価格の一－二％は、公的活動に出資することを求められている町金庫のものになった。また緊急通貨の場合、ヴァーラやヴェーラの場合のように宣伝する必要がなく、町役場は、自らの職員や労働者の俸給や賃金の一部――当初は五〇％の比率で、そして後には七五％の比率で――を労働証券紙幣で支払った。そのような事情のもとにあっては、ヴェルグルの商店が労働証券紙幣の受け取りを拒むようなことはできなかった。否、それ以外の選択肢はなかった。こうしてヴェルグルの実験は、初めて成功の可能性を与えられることとなったのである。

かくしてヴェルグルのすべての商店は、労働証券紙幣を受け取った。だが、彼らにより好まれた貨幣は、中央銀行が発行する通常の貨幣であった。というのも、彼らが労働証券紙幣を受け取った場合、彼らは卸業者と難しい関係に陥ったからである。他方、彼らは、労働証券紙幣を中央銀行発行の貨幣に兌換する際に徴集される二％の手数料を不公平であると不満を述べた。それにもかかわらず、彼らは、いかなる価格騰貴も引き起こすことなしに、自らの売上高の増加をいとも簡単に達成することができたのである。

その中でも、最大の受益者となったのは、町役場だった。というのも、町役場は、労働証券紙幣の一年間の計一二％の減価額を自分のものにすることができたからである。しかし、労働証券紙幣は迅速に流通し、迅速に町役場に戻ったので、この緊急通貨は全体として一二、〇〇〇シリングを発行すればよかった。町役場は、額面価値を維持するためには、印紙をも自ら貼らなければならなかった。「緊急通貨発行の月々の収益は約五〇シリングで、失望するほどに少なかった。」[16]総計で六九〇シリングの兌換利潤の方が高いくらいであるほどに少なかった。一九三二年に町役場が得た最大の余剰収益は、遊興税、告知税、犬税並びに建築割増税や土地割増税からのものであった。したがって、「減価する貨幣」は、総計一〇万シリングを使った街の緊急救済事業には僅かな部分しか資金を提供できなかったのである。アレックス・フォン・ムラルト Alex von Muralt の綿密な調査によれば、町役場の毎年の余剰収益は約一二、〇〇〇シリングだったとのことである。[17]

一九三二年にヴェルグルはその六倍、すなわち一二、〇〇〇シリングをチロル州の緊急救済信用ならびに生産的失業救済事業の補助金から得ていたのであった。

州政府の担当官は、この町役場の「減価していく貨幣」を「偽装された一二％の売上税」と呼んだ。それには同意できないにしても、労働証券紙幣がシルビオ・ゲゼルの観点に立脚した自由貨幣というよりは緊急通貨であったということについては、認めざるをえないだろう。この通貨は、ヴェルグル地域では通常の通貨と交換されずに、通常の通貨と並行して流通した。そしてこの貨幣の減価額が、この貨幣の蓄蔵を妨害するといったことはなかった。事実、労働証券紙幣の三分の一は流通に回ることがなかったからである。それはひょっとすると（アレックス・フォン・ムラルトが推測しているように）労働証券紙幣が珍奇な記念品として人々の収集対象になっていたからなのかもしれない。減価は購買の遅れた者への刑罰であるという理論的推論にも、人々は納得がいかなかっただろう。だからこそ、緊急通貨を得たあるいは受け取ったすべての人々は困惑することになったのである。

ヴェルグルの労働証券紙幣は、二つのきわめて注目すべき作用をもった。その第一の作用は、労働証券紙幣の導入が共同体市民の租税への申告態度を向上させたことである。そして第二の作用は、労働証券紙幣の導入が地域共同体全体の経済を活性化させたことである。けれども、労働証券紙幣は確かに通常の貨幣への代替物としてではなく、むしろ新鮮な刺激、すなわち「共同体意識の再生の印」として受け入れられたのであった。事実、こうした象徴的作用が、現実の作用よりも強力だった。だが、こうした象徴的作用が利子の廃絶に向かうことはなかったのである。発行された緊急通貨の保証としてその同額のシリングがライフェイゼン銀行 Raiffeisenbank の特別口座に振り込まれたのと引き換えに、町役場は（利子率六％の場合）六九〇シリングの利子を得たのであった。町長のウンターグッゲンベルガー自身は、自由貨幣理論の長年にわたる支持者であったにもかかわらず、ゲゼルによって「保証妄想」と呼ばれたものに屈伏してしまったのだろうか。それとも、地域通貨が信頼されていたならば、そのような保証は必要ないものと考えたのだろうか。

以上のヴェルグルの実験によっても自由経済の大規模な実践可能性についての証明はなお与えられていない。それが萌芽的に実行されたところでは、自由貨幣の本来のイデーとは合致しがたい部分的な二重通貨制度が生まれたにすぎなかったのである。だが、おそらくそのことが示すのは、自由経済はなお可能性の限界内にとどまっているということなのである。

ヴェルグルの実験は、自らの貨幣独占を危険なものにすると見たオーストリア中央銀行の反対に遭遇し、チロルの州政府によって一九三二年九月に禁止されてしまった。その結果、ヴェルグルの実験は中止に追い込まれることになったのである。それは、実験開始からほぼ一年後のことだった。この禁止は、半分しか成功していない試みをひとつの神話にすることに寄与したのであった。

原　注

(1) Christoph Conti, Abschied vom Bürgertum, Reinbek 1984, S. 135

(2) erwähnt in Hunkels Broschüre „Selbsthilfe der Arbeit", Jena 1926, S.18

(3) Dr. H. Nidecker, Freiwirtschaftliches Archiv 2/29

(4) Dr. Hunkel, Selbsthilfe der Arbeit, S. 4/5

(5) ebenda, S. 15/16

(6) Ulrich Linse, Zurück, O Mensch, zur Mutter Erde, S 188

(7) FWB-Mitteilungsblatt März 1929

(8) Beilage zu Freies Volk, 1.11.1929

(9) nur durch Dr. Hunkel in seinen erwähnten Broschüren (auf S.12) vor der Vergessenheit bewahrt

(10) „Geld verdienen und glücklich sein"-Erfolg und Glück durch die Zielbewegung. S.4

(11) ebenda, S. 9

(12) Eins Stunde Volkswirtschaft 31/1933

(13) ebenda

(14) FKB-Mitteilungsblatt 11/29

(15) Werner Onken, Ein vergessenes Kapitel der Wirtschaftsgeschichte, in: Zeitschrift für Sozialökonomie 57./5. Folge (1983), S. 3-20. (Onken hat die gründlichste Studie über Selbsthife-Aktionen geschrieben.)

(16) Alex von Muralt, Der Wörgler Versuch mit Schwundgeld, in: Silvio Gesell-Marx der Anarchisten?. Berlin 1989, S.279 (es war der allererste Bericht über Wörgl)

(17) ebenda

第十章　一九一五－三二年におけるNWO運動の国際的広がり

一九二三年の聖霊降臨祭の日に、バーゼルで第一回自由地－自由貨幣国際会議が開催され、そこで、シルビオ・ゲゼルは今後十分起こりうるだろう「西洋の飛躍」について次のように語った。

「西洋の飛躍」は、資本主義の衰退を前提とするものである。こうした「西洋の飛躍」が実現されるならば、それは何百万人もの人間を救済するものとなるだろう。いずれにしても確実なことは、「われわれがわれわれの運命に積極的に関与できないならば、カッサンドラ **Kassandra** の主張は常に正しく、またシュペングラー **Spengler** の主張も常に正しい」ということになってしまうだろう。

こうした主張から推察できるように、ゲゼルはヨーロッパの運命を未決定のままにしておいたのである。彼の考えによれば、ヨーロッパの運命を決定する者は、自由経済主義者にほかならなかった。それゆえに、「西洋の没落」というシュペングラー風のペシミズムの風潮を打破し、ヨーロッパの運命に積極的に関与するという流れを作り出すことを、ゲゼルはこの会議に期待したのであった。

だが、この会議には、ドイツ、オーストリア、スイスそして大英帝国の自由経済派の人々しか参加しなかった。オランダ、フランス、チェコスロバキアそしてアメリカ合衆国の活動家なども報告をしたけれども、それは間接的な代読というやり方によってであった。つまり、この会議の参加者の多くは中欧からの人々であり、しかもそのほとんどの人々がドイツ語圏からの人々であった。［その中でもこの会議の中心的役割を果たしたのは、スイスの自由経済派の人々である。］そのことを、オットー・マース Otto Maass は次のように率直に認めていた。「スイスでは自由経済派の活動は『その最良の形態をとり、これまでの中でもっとも高い影響力を発揮している』」、と。事実、インフレの悪化という事態に直面していたドイツの自由経済主義者たちがこの会議に参加できたのも、スイスの自由経済主義者の多大な援助があったればこそなのである。

この会議は、世界戦争を金融面で終息させるとともに、国際関係の秩序化を再び作り出すための様々な政策を諸政府に向けて提案した。その中でももっとも主要な政策として推薦されたのは、国際的なすべての国家債務をアメリカ・ドルに換算する提案とともに、物価をコントロールするための国際的指数局を創出すべきであるとする提案だった。この提案はＮＷＯ運動にとってきわめて隠当なものであり、政治的に問題になるようなものではなかった。むしろこの提案は、ＮＷＯ運動に好意的な専門家の所見に一致するものでもあったのである。

１　スイス

スイスにおけるＮＷＯ運動の出発点となったのは、ドイツにおいてと同様に土地と租税改革協会だった。というのも、その協会でのシルビオ・ゲゼルの講演後、そこからスイス自由地－自由貨幣同盟 Schweizer Freiland-Freigeld-Bund: SFB が誕生したからである。その創立メンバーはわずか五人であったけれども、そのうちの次の三人は名望家であった。

テオフィール・クリステン Theophil Christen － 医者と数学者
フリッツ・トレフツァー Fritz Trefzer － 保険局副局長

エルンスト・シュナイダー Ernst Schneider －ベルン高等教育局長

とくにシュナイダーの教育改革論の影響と思われるが、このスイス自由地－自由貨幣同盟ＳＦＢには他に例を見ないほどの多数の若い教師が加わった。そのような若い教師たちの一人に、コンラッド・ゲーリング Konrad Gehring がいた。彼は、一九二〇年にリュードリンゲンで成人学級を設立しようと試みるとともに、その二年後に同盟の自由地ハイムを設立した。もう一人は、ヴェルナー・ツィンマーマン Werner Zimmermann であった。彼についてはもっと多くのことが語られてしかるべきだろうが、ここではとくに彼が同盟にワンダーフォーゲルと生活改善という刺激を与えたということが、注記されるべきである。それに対し、フリッツ・シュヴァルツ Fritz Schwarz は組織とメディアを担当した。

一九一八年頃、スイス連邦議会においてゲゼルの著書『自然的経済秩序』が話題になった。それに興味を抱いた連邦議会議員のクネルボルフ Knellwolf は四人の専門家にその報告を依頼した。［だが、その報告はすべて批判的であった。］それにもかかわらず、スイス連邦議会は、ニッケル貨と銅貨に対する流通強制の指示を出したのである。こうした指示が出されたのは、スイス連邦議会に提出したクリステン博士の覚書のお陰であったといえよう。

一九一九年の時点でのスイス自由地－自由貨幣同盟ＳＦＢは、約二〇〇人の構成員と雑誌『避難所』の五〇〇人の読者を擁していた。彼らは、スイス社会民主党ＳＰＳの全体を獲得するとともに、指数本位制度を確立させることを目指したけれども、こうした彼らの試みは、初期の成功にもかかわらず、その後停滞してしまった。たとえば、フリッツ・シュヴァルツ自身は、一五年間社会民主党員だったが、個人として脱党し、スイス自由地－自由貨幣同盟ＳＦＢに加わった。一九二一年には、彼の例にしたがって、多数の社会主義者が個人としてスイス自由地－自由貨幣同盟ＳＦＢに移った。だが、このスイス自由地－自由貨幣同盟ＳＦＢは、一九二二年の連邦議会選挙に候補者を擁立したにもかかわらず、わずか一％の投票しか得られなかったのである。

他方、スイス自由地－自由貨幣同盟の三人の指導者は、彼らの改革提案を連邦大蔵省に持ち込み、その解説を行うことができた。けれども、連邦大蔵省は、彼らの解説を聴聞した後で、彼らが要求する指数本位制度は「実践的に実行可能なものではない」という結論を下したのであった。

このような厳しい現実にもかかわらず、一九二三年一月には二週間間隔で発行されていた雑誌『避難所』に代わって、週刊新聞が発行され、その編集部にバーゼルの建築家ハンス・ベルノウリィ Hans Bernoulli も加わった。スイスのNWO運動は、プロテスタント派のベルンの都市牧師エドアルド・ブリィ Eduard Burri やカトリック派の教会参事会員ヴィクター・フルューガー Victor Pflüger が加わることによって著しく強化されることとなったのである。

一九二四年の春にスイス自由地－自由貨幣同盟SFBは、スイス自由経済同盟 Schweizerischer Freiwirtschaftsbund: SFB と改称した。だが、それに対し、二つの地域グループから次のような動議が出された。「スイス自由経済同盟SFBは今後純粋な経済問題に自らを限定し、世界観的問題には中立的態度をとるべきである。したがってスイス自由経済同盟は政治的要求はもとより文化的要求をも掲げてはならない」、と。この動議は、フィジクラートとはもとより生活改善者とも距離を取ろうとするものだった。こうしたスイスのNWO運動がセクショナリズムに陥ったとの風評を立てられたことの責任を、同盟指導者のロート Roth はツィンマーマンに押しつけたのである。かくしてフィジオクラートは自らの組織を建設し、ドイツと同様の名称（フィジオクラート闘争同盟）を付けることとなったのである。

一九二三年秋の代議員集会は指数本位制度を基礎にすえることを決議したが、そのことは、フィジオクラートにとっては自由貨幣と自由地の事実上の削除を意味するものとなったのである。けれども、スイス自由経済同盟ではリベラルな観点や税軽減への期待から、むしろ「国家の漸進的解体」が要求されたのであった。それと同時にスイス自由経済同盟の内部では左翼との区別づけ、すなわち階級闘争や社会主義といったイデーとの区別づけもまた生じることになったのである。

2 オーストリア

オーストリアの自由経済主義者の最長老は、巷間主張されているような、アロイス・ドルフナー Alois Dorfner ではなく、ウィーンの中等学校の校長であったゲオルク・ハニィシュ Georg Hanisch だった。彼は、すでに一九一九年に自らの小冊子『自由な社会主義』の中で［ゲゼルの］自由経済論を支持すると同時に、自由社会主義人民同盟ならびに定住地協同組合や生産協同組合などにおいても実践的方法でこの自由経済論を支持したのであった。

ハニィシュに続くのは、インスブルック出身のエミール・リュディガー Emil Rüdiger であった。彼はゲゼルのイデーを熱烈に支持し、このゲゼルのイデーを経済制御の最良の手段であると推奨したのである。

けれども、ウィーンに［ＮＷＯの］活動サークルを作り、そこから一九二一年にオーストリア自由経済同盟 Österreichischer Freiwirtschaftsbund: ÖFB を作り出すことに初めて成功したのは、州会計検査委員会のルードヴヒ・ボック Ludwig Bock だった。彼は、中部ドイツ（エルフルト）の自由経済同盟とつながりをもっていた。そのために、この中部ドイツの自由経済同盟はオーストリア政府宛の手紙の中でボックを貨幣＝金融問題の専門家として推薦したのである。かくして、ボックは一九二一年一一月一三日に連邦大臣シュヴァルツヴァルト博士 Dr.Schwarzwald から手紙を受け取り、その中でこの連邦大臣から貨幣税の助けを借りた固定通貨制度についての詳細な報告を依頼されたのであった。そこで、ボックは、「一回かぎりの、繰り返すことのない抜本的な財産税」を提案した。それは、国家が「そのすべての債務の返済を一度で可能にする」と同時に、「銀行券の洪水を理性的な……程度にまで縮小することのできる提案であり、しかもオーストリア・ハンガリーの銀行に代わる連邦通貨局が即座に新貨幣の発行を始めることのできる」提案でもあった。その上ボックは、自由貨幣がもたらす諸結果を二〇項目にわたって描いたのである。

このような書簡から明らかになるのは、オーストリアの自由経済同盟ÖFBは啓蒙団体として理解されていたということである。それでも、この同盟は、ウィーンとインスブルックに地域組織を建設する一方で、他方では一五の地域に信任者をもち、ケルンテン、オーバー・オーストリアそしてシュタイエルマルクにまで彼らのネットワークを広げた上で、それらの地域で講習会を開催したのである。たとえば、ウィーンで週ごとに開催された集会には、毎回四〇－八〇人の人たちがやってきたと言われている。

だが、一九二五年頃オーストリアの自由経済同盟ÖFBは完全な休眠状態に陥り、個々の要素に分解してしまった。一九二九年に、外見的には死んだように見えていた組織は、ドイツ（ノエベ）の援助によって再生し、それは一九二九年一一月一三日にインスブルックでオーストリアの恐慌なき国民経済同盟として新たに登場することになったのである。今やアントン・ディートル Anton Dietl ――彼は、すでに一九二五年にドイツの自由経済主義者から出馬要請を受けたにもかかわらず、自重してきたのだが――が前面に出ることになった。彼は言う。「FFFのように崩れるな。」……「この新しい同盟は二つの目標を掲げる。その二つの目標とは、たえず購買力をもち続ける貨幣並びに社会的公正である。こうした二つの目標を掲げるわれわれは、同名のドイツの恐慌なき国民経済同盟とともに、ドイツ人のより良き未来のために肩を組んで闘うのだ」、と。

3 フランス

一九二一年に、個人主義的アナーキストであり、シュティルナー Stirner の支持者でもあったジャン・バラール Jean Barral は、フランス経済という組織を設立した。その際、一八世紀フランスのフィジオクラートとの関連が問題になったにもかかわらず、バラールは、反対に、その相違性を強調したのであった。だが、私見によれば、本質上新しいものは、新しい名称を必要とするものなのである。

バラールは、次のような確信に基づいて、すなわちゲゼルの自由経済は貨幣の流通を中断したり妨害したりするすべての民間の干渉から貨幣を解放するという確信に基づいて、この自由経済が「公共の福祉と個人の特殊的利益の対立」を廃棄するだろうと考えた。そして彼は、ドイツの自由経済主義者を「フランスのＦＦＦ運動の指導者」として賛美したのであった。だが、彼が設立したフランス経済はもとより、その影響のもとに形成されたフランスの自由経済国民同盟もまた、――自由貨幣を発行するための国民同盟の運動を引き起こそうとした彼の努力にもかかわらず――、再び休眠状態に陥ってしまったのである。

４　イングランド

大英帝国の自由経済同盟は、外見的には一九二一年にフィリップ・パイ Philip Pye――彼は、すでに一九二〇年六月の大新聞において自由経済は資本主義や共産主義の唯一の代替物になると述べていたが――によって設立された。この同盟は、主として貨幣の貯蓄手段と交換手段という二つの機能の間の経済的矛盾の解決を求めた。彼らは言う。「資本主義は貨幣を競争の必然性から守り、国民経済全体から毎年五％もの公課を徴収している。つまり資本主義は国民経済に利子奴隷制を押しつけているのである」、と。

５　ロシアの「地域主義 Terrismus」

ＮＷＯ組織にきわめて類似したひとつのグループが、一九二二／二三年のソ連に登場した。このグループ――彼らは（地政学的意味で）「地域主義 Terrismus」と呼ばれたが――は、シルビオ・ゲゼルと直接連絡をとっていた。

スザブニエヴィッツ St.Szabuniewicz という、共産主義体制のもとでまもなく非合法として迫害を受けることになる「地域主義」中央グループの名前で、彼らは次のように語った。「われわれの勢力が合一することは、きわめて有益である」、と。

こうした「地域主義 Terrismus」の社会理論は、次のような五 つの原理を基礎としていた。

（1）大地は全人類に属し、すべての人間はその富に対し同一の権利を有する。

（2）すべての者は、どのような土地であっても、自分の望むところに居住できる。

（3）大地とその富のすべての受益者は、その受益の代価として彼が自由にできる権利と同等の価値の使用料を支払う。

（4）その使用料は、社会の必要のために使用される。このような方法で作り出された富裕は、共同の文化的所有と見なされる。

（5）使用料を徴収する結果、あらゆる税とその他の国家への強制的サービスは必要なくなる。

こうした「地域主義者」の五原則は、「自由な人間は、自由な大地に立脚する」という一文に要約できるだろう。なお自由貨幣については、ゲゼルの著作『ＮＷＯ』が彼らのところに届いてからすぐに研究を始めたいとのことであった。こうした自由貨幣に対する彼らの関係を考察する場合、次の事実が考慮されなければならないだろう。彼らにとっても利己心は、人間活動にとっての主要な刺激手段であったということ、だが、彼らはまず最初に平和の王国と自由な土地市民権を確立しようとしたために、こうした個人主義的利害や政治的見解は、一時的に後回しにされたということ、こうした事実である。

以上のような「地域主義者 Terrist」は、極左のアナーキズムに数え入れられたけれども、彼らがそのように見なされることは、最小の抵抗で最大の成果を達成するような実際的かつ間接的方法を発見するためにも、避ける必要があった。それに対し、彼らの五つの原則は、「現在おそろしいほどの軍事的圧力ときわめて先鋭な階級的憎悪のもとで窒息しつつある」自然的世界秩序の基礎となるべきものである。彼らは言う。「暴力の使用や革命によるのではなく、確信と個人的例によって状況は積極的に変更できるのである。したがって、われわれがなすべきことは、『批判するのではなく、何をなすべきなのかということを示すことであって』、社会的動揺や無益な闘争は、適切なやり方で避けられるべきである。そこで問題となるのは均衡であって、『社会的と個人的、内的と外的に均衡を保ちながら、われわれの全生活を再生産することが必要になる』」、と。

6 ユーゴスラビア——マルクスかゲゼルか？

バルカン半島の自由経済運動は、各界の著名人を自分の周りに集めていたパヤ・シュタニシク博士 Dr.Paja Stanisic を中心にして誕生した。この中心人物のシュタニシク博士は多数の大臣に影響力をもつ人物であった。というのも、彼の協力者たちの多くは、政権与党の社会民主党や民主党の出自の人々だったからである。たとえば、自由経済派の綱領を起草したのは、民主党出身者のひとりであるコカール博士 Dr.Kockar だった。またシュタニシク博士自身も、自らの小冊子『マルクスかゲゼルか』の中で社会民主党や民主党の人々と論争したばかりでなしに、カール・カウツキー Karl Kautsky と対話し、相互の文通をしたのであった。

こうした自由経済派の理論的影響のもとに、社会民主党の社会政策大臣ビトミール・コラーク博士 Dr.Witomir Korac は、不労所得に反対する小冊子を起草し、その中で「不労所得は第一に奴隷から、次に農奴から搾り取られたものであり、最初の奴隷は女性であったし、第二の奴隷は戦争捕虜であった」という主張を展開したのである。

こうして漸次的であるけれども、クロアチアでは自由貨幣と固定通貨制度を自らの経済綱領に据えた急進社会党が形成されることとなったのである。

7 ルーマニア

ルーマニアでは二人のザクセンのジーベンブュルガー人から自由経済派形成のイニシアチブが生まれた。その二人の人物とは、Ｆ・Ｗ・リヒター博士Dr.F.W.Richterと長官Ｆ・クラウスF.Krausであった。彼らはいかなる政治的物議を引き起さないようにして、様々な経済団体に相談したのであった。その結果、一九三二年三月二八日にメディアシにおいて大経済会議が開催されるに至った。そしてこの会議は、デフレが蔓延する中でストライキをする貨幣に流通強制をつけるべきであるという次のようなアピールを出したのである。

われわれは、われわれの祖国の経済団体から債務者と債権者の同盟を建設したい。……われわれは、手遅れになる前に、利子奴隷制の鎖を断ち切り、貨幣蓄積——貨幣ストライキ——を不可能にさせたい。……そしてわれわれは、城内平和と恐慌なき新しい経済制度を導入したいのだ……。

だが、こうした債権者と債務者の同盟から何が生まれたのかについては、われわれはもはや確かめる術がないのである。

8 チェコスロバキア

一九二〇年一〇月にカール・ポレンスケ教授Prof. Karl Prolenskeは、ベーメンとメーレンを経由する講演旅行をした。その旅行で得た彼の感触によれば、東ヨーロッパの人々は、西ヨーロッパの人々よりも自由経済への関心が高いとのことだった。事実、彼の旅行中にすでに三人ないし四人の、自由経済研究グループが生まれ、それは一九二四年にはチェコスロバキア自由経済同盟に結実するに至った。

だが、その同盟はズテーテン地方に限定された組織のように見えた。そう見えたのは、ズテーテン地方では、すでに一九〇九年にレオポルド・クイット Leopold Quitt がゲゼルの著作に取り組み、若き中学校教師としての彼が、その成果をもとに新生ドイツの文化同盟で最初の講演を行っていたからである。チェコスロバキアの建国後、彼はその国の金融大臣に、資産税をインフレーションの犠牲者の補償に利用する計画とともに、「妨げられることのない貨幣流通」を懇願したのであった。

9　自由都市ダンツィヒ

ポーランド回廊を通じてだけドイツと結び付いていたダンツィヒに、一九二四年頃自由経済同盟が誕生した。この同盟は、ゲゼルの自由貨幣をモデルにしたような特別な通貨制度の導入に尽力することを目的としていた。だが、その後この同盟も、自由経済主義者（多数派）とフィジオクラート（少数派）とに分裂した。それにもかかわらず、彼らはこの同盟の独自の著作として『ダンツィヒ通貨制度』というタイトルの小冊子や『基礎』という覚書を発行したのである。

10　アメリカ合衆国

北アメリカ（そしてカナダ）の自由経済派のパイオニアは、ヒューゴ・ファック博士 Dr. Hugo Fack である。けれども、アメリカの自由経済同盟は一九三一年に初めてハンス・コルセン Hans Cohrssen やその他の三人のドイツ系移民によってニューヨークで創設されたのである。その創設目的は、アメリカ人に彼らの経済的困難状態の原因についての啓蒙をしようとすることにあったけれども、それはほぼ完全に失敗に終わってしまった。それでも、一九三二年の中頃にはアメリカ合衆国にこの同盟の三つの地域組織が誕生した。

一九二九年には、悪戦苦闘の末『自然的経済秩序』の英語版が出版された。ゲゼル派の人々は、次のことを期待した。アメリカ人は、ドイツ人やスイス人よりも『自然的経済秩序』をより良く理解してくれるだろう、と。だが、そうした期待は幻想であることがわかった。というのも、興味を抱いたのは、若手研究者の一部でしかなく、彼らすらも若干の講演を聞いた後に、まもなくして再びゲゼルを無視する態度を取ったからである。かくして「アメリカの」自由経済主義者は、ドイツ人移民に限定されたままであった。それに対し、フィシャー教授 Prof. Fisher は、スタンプ貨幣という貨幣改革だけを主張したにすぎなかった。

11 カナダ

カナダでは一時的に影響力の拡大をはかろうとする貨幣改革党が存在した。この党派は、アメリカの自由経済同盟がこのカナダという大地に蒔いた種だった。

【付　録】

シルビオ・ゲゼル、フィジオクラート、アナーキスト

[訳者注]

本稿は、一九八九年発行の著作『シルビオ・ゲゼル、アナーキストの〈マルクス〉か?』(Klaus Schmitt Hg, Silvio Gesell-"Marx" der Anarchisten ?, Berlin, 1989.)に掲載されたGünter Bartsch, Silvio Gesell, Die Physiokraten und die Anarchisten, Berlin 1989.を全文訳出したものである。このギュンター・バルチュの論文の邦訳を同じ著者の著作『シルビオ・ゲゼル派の自然的経済秩序運動史/第一分冊/一八九一-一九三二/三三年』の邦訳に加えたのは、このバルチュの論稿が後者の内容の基本構造を明晰に示す概論になっており、これを読むならば、本書の第一分冊の理解がきわめて容易になると訳者が考えたからである。

ところで、このバルチュの論稿の邦訳としては、すでに宮坂英一訳『シルビオ・ゲゼルと重農主義者とアナキスト』(上)(下)(『自由経済研究』第一号と第二号、一九九五年一〇月、一九九五年一一月)がある。だが、この宮坂訳が公表されて二〇余年が経過し、ゲゼル研究はもとより、NWO運動史研究も少しずつではあっても進展を遂げているという状況にある。したがって、この宮坂訳をそのまま利用することはできないのではないか、またこのバルチュの論稿をもう一度新たに訳出する必要に迫られているのではないか、そう訳者は考え、このバルチュの論稿の新たな訳出に挑戦したのであった。

そのささやかな成果が本稿である。もちろん、その訳出に際しては、先行のこの宮坂訳を参照させていただいた。ここに記して感謝する次第である。

はじめに

シルビオ・ゲゼル Silvio Gesell については、驚くほど異なった評価が流布しているといってよい。一方の人々は、彼を共産主義者だったと見なす。また他方の人々は、彼を新自由主義者だったと見なす。さらに彼をファシスト[1]や盲目的な愛国主義者と見なす人々すらいるのが現状である。だが、彼の同時代の多くの人は、彼を革命家と見ていたにもかかわらず、今日の人々は、彼を固定通貨制度だけを問題にするにすぎない、牙の抜かれた改革家と見なしているのである。本当のところ、彼は何者だったのだろうか。そして彼は本当に何を望んだのだろうか。［これが本稿の中心的問題になる。］

1 市場経済か資本主義か

ゲゼルは、最初から「資本主義なしの市場経済」を望んでいた。だが、ほとんどのアナーキストたちは、あのマルクス叔父さんが壁に描いたお化けを前にした小さな子供たちのように、「市場［経済］」の「無政府的」性格に恐れを抱いた。それに対し、共産主義者が「市場経済」を否定するのは、十分理解できることである。なぜなら、「市場経済」が存在しているかぎり、彼らは生産と商業を管理できないばかりか、統制することすらもできないからである。だが、アナーキストは、自発性と自主性を尊重する人々である。したがって、こうした自由な社会に賛同する人々が、すべての個人を強制的にひとつの歯車にしてしまうような、いかなる種類の「計画経済」をも望むことができないのである。

アナルコ・サンジカリストは、以前からずっと労働者の自主管理を追求してきている。彼らによれば、「市場経済はサイバネティックスの一種で、自己制御とフィードバックを基礎としたシステムである。だが、このいずれのシステムも、すでに長いことコンツェルン、トラストそして価格カルテルといった資本主義に特有な蔓に覆われてしまい、その正常な機能を発揮できないでいる」、と。

「市場経済をめぐるマルクスとゲゼルの関係は次のように言えるのかもしれない。」マルクスの『資本論』は、「市場経済」に対する全面的攻撃の書であったけれども、「資本主義の発展」を損なう書ではなかった。(その上、レーニンは共産主義社会の前段階としての独占を歓迎すらしたのであった。)それに対し、ゲゼルの『自然的経済秩序』は、「資本主義」に対する全面的攻撃の書として、「市場経済」を独占主義的くびきから再び解放することを目指す書であった。この点で、彼は、「「市場経済」と「資本主義」を等置する」その他のあらゆる経済学者と異なっているといってよいだろう。

しかるにゲゼルの見解によれば、「資本主義」は、マルクスが主張したような、生産手段の私的所有や賃労働に基礎を持つものではなく、不労所得を可能にする利子と土地地代に基礎を持つものである。それゆえに、この不労所得の廃絶がゲゼルの基本的目標だった。実際、初期の労働運動も、学者やイデオローグが主導権を握るまでは、この不労所得の廃絶を目標としてきた。だが、学者やイデオローグが主導権を握るや、このような労働運動は政治権力の獲得をめぐる運動に改造されてしまったというのである。

以上のようにゲゼルは、「市場経済」こそがすべての生産者の自主性と自発性を生かすものと考え、「市場の廃絶」に批判的態度を取ってきたのであった。事実、ソ連やその他の国々では、「市場経済」が圧殺されたために、即座に「国家資本主義」が支配することになってしまったのである。

2 ゲゼルの前半生

シルビオ・ゲゼルは、一八六二年にドイツとベルギーとが相互に国境を接する近辺の都市サン・ビトで生まれた。[彼の子供時代に]彼の両親――父親は徴税官であり、母親は教師だった――が知人たちと会食を行った際に、彼の両親は並外れて頑健な身体をもつこの子供を「食後のデザート」と称して、次々と会席者に紹介したことがあった。というのも、シルビオは、彼の七人兄弟姉妹の中でもっとも進取の気性に富んだ子供だったからである。少年期の彼は、付近の森や谷を歩き回り、時折谷合いの道で蛇を捕まえては、自分の腕に巻き付けて遊んだりした。そればかりか、少年期の彼は、もっとも仲良しだった弟のヘルマンと組んで、本来ならば関税が課されるべき商品を無関税のまま国境を越えて密輸入することもあった。

彼の家庭では、食事の際や就寝の前には、必ずお祈りが行われた。シルビオはこのような宗教的儀式が厳格に行われていた環境のもとで成長したのであった。彼が生まれてこのかたお祈りをしなかったのは、祖母がシルビオの父親の宗教的無頓着さを激しく叱責し、「お前は煉獄に落ちて苦しむことになるだろう」と言った時だけであった。それほどに彼は宗教心の篤い家庭に育ったのである。事実、彼の二人の姉妹はカトリックの宗教団体に入会しただけでなく、最終的には女性修道士になった。それに対し、彼と彼の兄エルンストは、世俗的世界の中に生きる喜びを見出したのであった。

シルビオは、ギムナジウム入学後の一六歳の時、[ギムナジウムを中途退学し]、郵便局員となった。[その職に就くや、]彼はすぐに郵便局の改善策を提案したけれども、それは上司に無視されてしまった。そんなこともあって、彼はこの職に長くとどまりたくないと思い、[この郵便局員時代に]ほとんど毎晩にわたる熱心な自己学習によって習得した知識が必要とされるような職業に転職することを決心したのであった。

かくしてシルビオは、駐在員としてスペインの港町マラガに赴任することとなった。この赴任旅行の途中に、彼は自らの知識欲を刺激するようなカメレオンを発見した。そして彼は、このカメレオンを捕獲してハンブルクの動物園に送ろうとした。というのも、このハンブルクの動物園は、その捕獲と発送に興味を示し、報酬を支払う意志を持っていたからである。だが、この動物の捕獲・運送計画はうまくいかなかった。なぜなら、郵便局はどんな生き物であっても、生き物の運送を行わないという規則があったからである。

［それから数年後］、シルビオはベルリンに行き、そこで徴兵期間を一年間に短縮させることのできる試験を受けた。［その試験の合格後、彼は一年間兵役義務に就いた。］だが、彼は兵舎生活を嫌悪し、制服を囚人服と感じた。徴兵期間の終了後、彼はブラウンシュヴァイクに行き、そこで後に彼の夫人となるアンナ・ヴェトゲン Anna Boettgen と知り合いになった。そして彼は、機械製作工場の駐在員となって働いたが、［次第に］独立自営業者になる決心を固めていったのである。

独立するという目的のために、彼は、一八八六年に、ベルリンにいる彼の兄パウルの会社が製造している歯科用器具が大量に入った木箱を持って、アルゼンチンへひとり渡航した。［このアルゼンチンへの渡航後］、彼はブエノス・アイレスにひとつの部屋を借りることになったが、その部屋にはベッドがなかったため、当初はこの部屋の机で彼は寝起きをしなければならなかった。そうした境遇の中で、彼は一種の行商人のようにしてアルゼンチン各地の歯科医のところを回った。その成果もあり、彼の歯科用器具は思っていた以上に早く、かつ良く売れたのであった。かくてシルビオは、兄のパウルの会社の支店を［ブエノス・アイレスに］開設した。そしてそれにともなって彼の商売もよりいっそう繁盛するようになったのである。

アンナ・ヴェトゲンも後から［ブエノス・アイレスに］やってきて、結婚式をあげることになった。だが、彼らは、教会での結婚式を回避するために隣国ウルグァイに行き、その地の街頭で偶然知り合った二人の赤の他人を結婚立会人とする、戸籍役場での結婚式を挙げたのであった。

こうして始まったゲゼルの結婚生活はいたって順調であった。［だが、彼らの結婚生活にはこんなエピソードもあった。］結婚生活当初の彼らの食事は、肉料理を中心とするものだった。だが、ある日シルビオが彼のお得意先でクナイプ牧師の『ヴェジタリアン』という小冊子を見つけ、その場でそれをすぐに読了した。それから彼は自分の家に帰って、昼食をとることになった。だが、昼食はまたもやビーフステーキであった。そのために、彼はビーフステーキを紙に包み、「肉ばっかりでは体に毒だ」と呟いてからそれを窓から投げ捨ててしまった。それ以来、ゲゼル家の食事はヴェジタリアン料理が主流となったのである。だが、時々彼は、新鮮な羊肉も食べた。というのも、ヴェジタリアンも、それがドグマ的ないし宗教的なものになってしまうと、了見の狭いものになってしまうように彼には思われたからである。

ゲゼルは、［生涯を通じて］同時に農場主、自然科学者、商人、哲学者などたろうとした。そうした彼にとって商業と工業は次のような意義を持つものだった。「商業と工業は、利潤渇望よりも自己の存在渇望により多く奉仕するものである」、と。こうした観点に基づいて、ゲゼルは段ボール工場を建設した。だが、彼はけっして大工業家になるつもりはなかった。そのことは、彼が、彼の稼いだ資産をラプラタの二〇〇〇平方メートルの土地とそれに付属するひとつの島の購入費用並びに自分の著作の自費出版費用に充てるとともに、更に残った自らの資産を気前良く友人や縁者に分け与えたことからも、明らかであるだろう。

このような前半生はもとより、彼の生涯を考える上で重要となるのは、ゲゼルは利己的ではあるけれども、我欲的ではないということであった。彼自身、こうした区別づけを主著の中で次のように書いている。

利己心は自己保存本能や自己拡大欲望にしたがう。それに対し、我欲心は搾取衝動や利潤渇望にしたがう。かくして私経済と資本主義は相互に対立した関係にある。

こうした認識の上に、さらに彼は次のようにも書いた。

近視眼的な者は我欲的であり、先見の明のある者は、通例、全体の繁栄が自己の最良の利益になるということをすぐに洞察できる者である。

利己心は、彼にとっては公正なもの、根絶しがたいもの、すなわち万人が同じ武器で競争を闘い抜く将来の私経済のダイナミックな基礎になるもの、こう考えられていた。つまり、私経済ないし自由経済は、特権とは両立しえない関係にあると考えられていたのであった。かくして利己心は、このような特権を廃絶する結果として、すべての者を平等なスタートラインに置くことで、経済の民主化の達成を可能にするというのが、彼の考えであった。(2)

3 ゲゼルは「ファシスト」なのか?

ゲゼルは、「ファシスト」であるという評価がある。だが、ゲゼルは「ファシスト」ではない。ファシズムとゲゼルは、次の三点において根本的に異なっている。第一に、ファシズムは国家を神格化するのに対し、ゲゼルは国家の漸進的解体を支持する。第二に、ファシズムは指導者支配を求めるのに対し、ゲゼルは人民支配を求める。第三に、ファシズムは労働者組織を破壊するのに対し、ゲゼルは、労働者組織を擁護し、労働者解放の道筋を示そうとする。

確かにゲゼルも「ナチズムと同様に」「人類の品種改良」とそのイデーを支持したけれども、彼の支持論は、その後のナチズムのように、国民を上等人種と下等人種に分類するような人種理論の観点に基づくものではなかった。たとえば彼は、一九二七年の彼の著書『漸進的に解体された国家』の中で次のように述べている。

すべての国の自由地では、どんな肌の色を持とうとも、たとえそれが黄色、白色、赤色、黒色の肌を持とうとも、すべての人間は平等の権利をもって定住することができる。もちろん自由地には、割礼の廃止後にゲットーから解放されたユダヤ人たちも入植することができる。また来るべき将来の自由地の女性たちは、健康で快活なそして美しい子供たちを持つことをきわめて高い確率で可能にしてくれるような伴侶をすべての人種から選択すべきである。そのためには、彼女たちの伴侶の選択範囲を全世界に拡大することが予め推奨されていなければならない(3)。

こうしたゲゼルの「品種改良」というイデーは、確かに、彼の思想の中にあっては幾分なりとも異質なものであり、そこに社会ダーヴィニズムの影響といったものを強く感じさせるものである。だが、こうしたゲゼルの「品種改良」というイデーは、とりわけ――当時アルコール中毒者の錯乱は子供たちに伝染すると言われていた状況の下で――、アルコール中毒者との結婚生活に反対するという文脈の中で主張されたものである。そこでゲゼルは次のように述べている。

女性はたえず高い人間性をもった男性を要求すべきである。その要求が実現された場合には、――ゲゼルが信じるように――子供たちはたえず「快活かつ自然的な……そして持続力と集中力のある子供」になっていくだろう。

さらに彼は次のように続ける。

家父長的な結婚生活の場合、伴侶の選択権は男性の手に握られている。このような男性の権力は打破されねばならない。自由地では誰ひとりアルコール中毒者と結婚しようとは思わないだろう。したがって、［自由地では］アルコール中毒者は、もはやその忌まわしい共同生活を甘受するような女性を見つけることができないだろう。それゆえに、彼らは通例いかなる子孫も残すことがない。［自由地における］自然的淘汰にとって決定的なのは、女性の自由な愛の選択なのである。

このようにゲゼルの「品種改良」というイデーは、人種優性学ないし異質分子の排除といったこととは無関係なものであり、主として自由な女性の選択に依存するものなのである。それゆえに、彼は「ファシスト」ではなく、むしろ「フェミニスト」であったと言えないだろうか。［したがって、彼の「品種改良」というイデーを問題にする場合」、フィジオクラート派の自由地が母権的特徴を持っているということに(4)、われわれはもっと注目する必要があるだろう。ゲゼルによれば、「自由な女性の選択」の不可欠な条件は「自由競争」である。［彼はそれを次のように言う。］

女性が自由な愛を選択できるようになるためには、男性のもとではもとより、あらゆる人々のもとでも、自由競争が生じていなければならない。人間社会内部での自然的淘汰のこの二つの力の極が相互に作動するならば、人間社会の「おでき」であるような大問題、すなわち国家、聖職者、過剰人口、戦争などの大問題を解決する糸口を掴むことができるだろう。

［こうした展望の上に］ゲゼルは、［自然的淘汰の結果として］刑務所、矯正収容所そして精神病院などの廃止を期待したのであった。そして彼は次のように言う。

それらの制度は、あらゆる種類の医者、薬剤師、藪医者の存在と同様に、「われわれの恥の象徴」であり、退化の兆候なのである。

さらに彼は、長期的視点に立った「自然的淘汰」を次のように考える。

何千年にもわたる間違った淘汰が駄目にしたものを次の何千年にもわたる淘汰によって再び良くすることができるのかもしれない。だが、自由な愛の選択と自由競争に基礎づけられたフィジオクラート派の優性学は、こうした退化の原因を一掃することになるだろう。それは、その際、――殺菌や避妊のような――あらゆる人為的介入を意識的に含むものとなるだろう。

かくしてゲゼルは、人間本来の淘汰に自由な介入の余地を与えようとするのである。［彼によれば］こうした介入の余地が与えられるならば、人間は動物段階にとどまることなく、たえずより良い、より高度な業績を上げることができるような刺激を受けながら、有用な者を向上させることになるとともに、彼らの強力な繁殖を促進することになるだろう。そしてそのようになった場合、「労働だけが、文明化した人間の唯一の武器になるのである」、と。

4　フィジオクラートは「新しいアナーキスト」なのか？

「ゲゼルはアナーキストであった」、これまで誰ひとりとしてそんなふうに考えもしなかった。(5) だが、私自身は、このゲゼル＝「アナーキスト」説は十分な根拠のあるものと考えている。「ゲゼルはアナーキストであった」ということの規定は、たとえばレオ・トルストイの場合と同様に、絶対的な規定ではないにしても、きわめて多くの事実と証拠によって裏付けられる規定なのである。

もちろんゲゼル自身は、自らを好んで「フィジオクラート」と呼んでいる。この呼称には幾分なりとも「ブルジョア的な」響きがあるといってよいだろう。というのも、古典派フィジオクラートは、一八世紀の思想的学派として自然的経済秩序と国民的秩序を探究するとともに、中央集権的な経済管理の最初の形態として登場した重商主義の国家統制に「ブルジョア的立場」からの反対の態度を取っていたからである。それればかりか、古典派フィジオクラートの人々は、そのもっとも重要な三人の人物――ケネー Quesnay、チュルゴー Turgot、ミラボー Mirabeau――を除けば、フランス革命を主導したジャコバン派のギロチンにかけられて、生命を失ってしまったという事実があるからである(6)。

それにもかかわらず、ゲゼルの思想は独創的なものであり、初期の古典派フィジオクラートとの思想的関連はきわめて少ない。けれども、ゲゼルは、「自分たちの見解は、新たなフィジオクラート派と特徴づけることがもっとも適切である」という点でゲオルク・ブリューメンタール Georg Blumenthal と一致したのであった。こうした一致が可能になった背景としては、この「新たなフィジオクラート派」という概念がベネディクト・フリードレンダー Benedikt Friedlaender の著書『近代的社会運動の四つの主要な傾向』の中で使用されたために、広く流布するようになっていたという事実を指摘することができるだろう。そして彼ら自身も、「伝統を持つということは、けっして損なことではない」と考えたからなのかもしれない。それ以外にも、「ゲゼルの」自由経済理論が「近代的社会運動」に属していると考えたことも、その呼称を採用した理由のひとつになるだろう。ところで、この自由経済理論は「近代的社会運動」の第五の傾向となったのだろうか。「否である。」ゲゼルが彼の最初の雑誌『貨幣改革』(7)とともに、「近代的社会運動」に向かうのではなく、とりわけ経済学という専門領域に向かったという事実には疑問の余地がない。そうであったがゆえに、マルティン・ホフマン Martin Hoffmann は、後に、多少の恨みを込めて「ゲゼルは当初プロレタリアートの革命的役割を完全に見逃していた(8)」と書いたのである。

それに対し、「ゲゼルの協力者であった」ゲオルグ・ブリューメンタールは、確かにこうした「プロレタリアートの革命的役割」を見逃すことはなかった。そうであったからこそ、ブリューメンタールは、自らを魅了させたゲゼルの学説を工業的かつ知的なプロレタリアートの中に持ち込もうとしたのであった。こうしてゲゼルの学説は、その最初の支持者を通じてアナーキズムと関係を持つに至ったのである。

「このようなゲゼル派のプロレタリア運動に従事した」ブリューメンタールは、もともとアナーキズムに近い立場の人であった。というのも、彼は手工業職人としてアナーキスト派のビラや独立派の社会主義新聞を配布したばかりでなしに、フリードレンダーを通じてランダウアー Landauer やマッケイ Mackay らと面識を持つようになっていたからでもある。ブリューメンタールがまず最初にしたことは、ゲゼルの学説を普及させるために、ベルリンの個人主義的アナーキストのサークルで一連の講演を行ったことであった。その講演の結果、この個人主義的アナーキスト組織はすぐに分裂してしまい、この組織の創立者のベルンハルト・ツァック Bernhard Zack を含むその構成員の一部は「フィジオクラート派」に「宗旨替え」をしたのであった。

それからしばらくして、ブリューメンタールは、「アナルコ・サンジカリスト」のもとでも講演を行った。この講演で彼は、部分的には断固たる反対論に遭遇することがあったにもかかわらず、全体的にはきわめて積極的な関心を引き起こすことに成功したのであった。そのために、討論は三日間ないし四日間に及ぶことがあった。それでも、今回は前回よりもはるかに多くの「フィジオクラート派への宗旨替え」を生じさせることができたのである。ブリューメンタールの娘のマリア・ラップ Maria Rapp は、この時のことを次のように回想している。

このサークルからハーニィシュ Hanisch、クラウゼ Krause、フンケ Funke、ザンケ Sanke、オットー・ストルツ Otto Stolz、その他の同志たちが生まれた。

またシルビオ・ゲゼルの息子の一人であるハンス‐ヨアヒム・フューラー Hans-Joachim Fuehrer によれば、「自由地、自由貨幣そして固定通貨制度(9)（ＦＦＦ）」の運動において大きな役割を果たすことになるハンス・ティム Hans Timm、リヒャルド・バッツ Richard Batz そしてマルティン・ホフマン Martin Hoffmann らは、皆アナーキズムの出自であるとのことである。また私の知るかぎり、アナーキズム出自の自由経済派の人々としてはこれらの人々の他になおロルフ・エンゲルト Rolf Engert（シュティルナー派の個人主義者）とＭ・Ｉ・ボン Bonn（サンジカリスト）を加えることができるだろう。

以上の、二つの中核グループとその他の若干の人々から、「フィジオクラート派」という新たな特別な社会運動の基幹部分が形成されたのである。

一九〇九年にブリューメンタールがフィジオクラート政治同盟 Vereinfür Physiokratische Politik を創設するや、ゲゼルは、アルゼンチンからこの政治同盟に入会し、当座の資金として二〇〇マルクをこの政治同盟に送金した。彼は、この政治同盟を「少数のエリート集団」から、すなわちすべての政党の構成員から構成されるのではなく、「すべての政党に断固として反対する」少数派のメンバーから構成されるべきであると考えた。だが、この政治同盟の実際の発展は、こうしたゲゼルの考えとは幾分違ったものになってしまった。

一九〇九／一〇年に、ブリューメンタールはフィジオクラート派の出版社を設立し、その最初の著作としてゲゼルの主著『自然的経済秩序』の先行著作となる『貨幣と利子の新理論』（一九一一年）を刊行した。その著作についてのマスコミの完全な沈黙にもかかわらず、ゲゼルの発したこの火花は大きく燃え広がり、ついにはＦＦＦ運動を引き起こすまでとなったのである。

一九一二年五月に、雑誌『フィジオクラート』[10]が創刊された。――その創刊号は「マモンの倒壊」というゲオルグ・ブリューメンタールの長文の詩で始まっているが、その詩の内容は「貨幣はもはや支配をしてはならず、今後は奉仕しなければならない」というものだった。――この雑誌を通じて、フィジオクラート政治同盟は、クリステン博士 Dr.Christen、オットー・マース Otto Maass そしてその他の人々を獲得するに至ったのである。――今や成長を遂げつつあったフィジオクラート政治同盟は、一九一三年にフィジオクラート連合 Physiokratische Vereinigung に改組されることとなった。このフィジオクラート連合は、「資本主義経済を搾取のない自由な国民経済に改造すること」を主要な目標とし、組織構成原理として「自由連合」をその基礎とするものだった。したがって、規約もアナーキストの組織規約に近いものであった。このフィジオクラート連合の組織形態についての規約は、以下のように定められた。

①フィジオクラート連合は、グループおよび個人会員によって構成される。
②どのグループも、そのメンバーの意志の代弁者となる代議員を持つ。
③フィジオクラート連合の会員がその他の労働者組織に所属しても、そのことは、フィジオクラート連合の運動を阻害するものとはならない。
④会費の額は、それぞれのグループが決めるべき事柄である。
⑤すべてのグループは自立的に存在し、自分たちの判断にしたがって運動を行う。
⑥多数派ばかりでなしに、少数派も代議員を選任することができる。各提案ごとに行う代議員の決議だけが有効な決議となるにすぎない。
⑦グループ間ならびに多数派と少数派の間の自由な競争が、ここでの運動の成功を保証するものとなる。
⑧［地域間に共通の問題があるために］、同一の要求をまとめる必要があるならば、共同の地域グループ集会を開催することが望ましい(11)。

これは、ほとんどアナーキスト的な規約である。各グループは自立的であり、いかなる中央指導部も持たず、代議員を持つだけである。つまり、幹部会は存在せず、ただ運動の調整者として各グループ間の調整を行うと同時に、情報の伝達を行う代議員だけが存在しているにすぎないのである。だから、ここでは懲戒処分などはない。その代わりに、多数派と少数派の交代によって、つねに新しいイデーがもたらされることになる。またどのような中央集権主義も阻止されるばかりでなしに、その構成員が特定のイデオロギーや特定の世界観に縛られることもない。なぜなら、その目標は「頑迷なドグマや一面性によっては」達成できないからである、と。規約は「パンフレット」のかたちでこのことを明確に記述しているのである。

紆余屈折の後、一九二四年にフィジオクラート闘争同盟 Physiokratischer Kampfbund が誕生した。このフィジオクラート闘争同盟は、「利子奴隷制」とともに「全体的な公的国家奴隷状態」を廃絶しなければならないという宣言を行った。その際に、ゲゼルは自ら一一項目からなる、この同盟の綱領を執筆した。それは、主として以下のような項目から構成されている。

①民間のイニシアチブに代替可能となるところでは、どこであれ、同盟は国家の漸進的解体を支持する。また同盟は、自己責任を持つ自由な個人を支持する。
②同盟は、国家による慈善、国家による保護、国家による福祉の強制には反対する。
③同盟は、性生活や家族生活への官僚のあらゆる介入に反対する。また同盟は、戸籍役場、人間登録制度、婚姻法などにも反対する。
④同盟は、国立学校、国教会、国立大学、芸術と科学の国家アカデミー化などに反対する。
⑤同盟は、就学強制、強制接種、国家公務員によるあらゆる強制などに反対する。
⑥同盟は、戦争、国家による武器独占、独裁やクーデターなどに反対する。また同盟は、階級経済や階級国家、あらゆる後見、更には共産主義にも反対する。
⑦同盟は、あらゆる国家的司法制度に反対する。また同盟は、国家の側からする、犯罪についてのあらゆる道徳的評価にも反対する。それに対し、同盟は、民間の契約法や民間の仲裁裁判を支持する。同盟は、国家の強制手段や強制執行に代わる、市民による契約違反者に対する社会的制裁を支持する。
⑧同盟は、個々人の「生の喜び」を支持し、国家による「生の喜び」に反対する。(12)

これは、「彼が急いで付け加えたように思われる独裁の反対」という命題に至るまでアナーキズム思想に貫かれた綱領である。したがって、バクーニンならばこの綱領を即座に承認するだろう。なぜなら、こうした諸点では、バクーニンとゲゼルは同じように考えているからである。つまり、両者には多くの共通点があり、両者ともアナーキズムの大道を歩んでいた、このように言えるだろう。ゲゼルは当初国家を肯定していたけれども、彼は漸進的ではあるけれども、国家を徹底的に否定し、支配なき秩序を積極的に求める立場に向かうこととなったのである。国家の完全な否定と支配なき秩序、この二つの側面こそ、アナーキストの主要なメルクマールにほかならない。

このようなフィジオクラート闘争同盟は、ゲゼルを指導者に祭り上げた。この闘争同盟は、世界経済恐慌の時期にルール地域、ハンブルクやその他の大都市で反資本主義的フロントを創出するための大衆集会を開催したが、その際に、ゲゼルは何千人もの労働者から「通貨制度の独裁者」という非難を浴びせられたりしたこともあった。またバイエルン・レーテ共和国の大蔵人民委員となって以来、彼は広く知られるようになったが、それは好評と同時に悪評をも含むものだった。それればかりか、彼の支持者の中にも、人民委員としてのレーテ共和国への彼の関与を厳しく批判する人々もいた。たとえば、エルンスト・フンケル博士 Dr. Ernst Hunkel は、彼の著書『ドイツの自由経済』（一九一九年五月）の中で次のように書いている。

私たちは、ゲゼルの歩みを大変遺憾に思っている。ドイツはロシアではない。ドイツでボリシェビィズムが不可避的なものになるのかどうかは、きわめて問題のあるところである。

遺憾ながら、このフンケル博士の見解は、ゲゼルの行動を誤解したものと言わざるをえないのである。

5 ［バイエルン・レーテ共和国］大蔵人民委員

ゲオルグ・ブリューメンタールはゲゼルとともに、とりわけ社会民主主義派の労働者大衆の獲得に努める一方で、他方では一九一八年二月頃に、彼はゲゼルの民間経済・自由経済論の優越性を認めるようエルンスト・ニーキッシュ Ernst Niekisch の説得にあたり、それに成功したのであった。そして、ニーキッシュは、一九一八年二月二六日付けの手書きの手紙の中で「党内でゲゼルの自由経済論の支持者の獲得に努めること」を確約したのであった。こうした確約を行ったニーキッシュという人物は、ドイツ社会民主党SPDの内部で評価の高い、影響力をもった党員だった。さらに言えば、このエルンスト・ニーキッシュという人物は、一九一八／一九年のドイツ革命を代表する人物のひとりでもあった。そのことは、彼が一九一九年の初頭にバイエルン労働者・兵士・農民中央レーテの議長に選出されたことからも推察できるだろう。(13)

一九一九年のバイエルン・レーテ共和国は、このような中央レーテという革命的団体が形成された後に樹立されたものであるけれども、このバイエルン・レーテ共和国は共産主義者によって継承ないし簒奪されるまで、「アナルコ・社会主義的な性格」を持つものであった。事実、その最初の革命局面を指導したのは、クルト・アイスナー Kurt Eisner（独立社会民主党USPD）、グスタフ・ランダウアー Gustav Landauer（アナーキスト）そしてエルンスト・ニーキッシュらであった。

一九一九年四月七日に、ランダウアーとニーキッシュの提案により、シルビオ・ゲゼルは「バイエルン・レーテ共和国の」大蔵人民委員に選出・任命された。その翌日すぐにゲゼルは、クリステン Christen Th. とポレンスケ教授 Professor Polenske（独立社会民主党USPD）という二人の自由経済派顧問団の協力を得ながら、大蔵人民委員の職務に就いたのであった。ゲゼルは、顧問団と協力し、バイエルンの抜本的貨幣改革を即座に行う用意を整えたが、ゲゼルらには五日間という僅かな時間しか残されていなかった。

ゲゼルは、なによりもまず、抜本的な手段によって通貨制度を再建しようとした。ベルリンの帝国銀行宛のゲゼルの電報のひとつから、彼がこのような通貨制度の再建を全ドイツ的規模で実現したいと密かに考えていたことが明らかになるだろう。けれども、ベルリンはこのゲゼルの希望を黙殺した。かくしてゲゼルは、レーテ共和国では自由貨幣だけを流通させるという法令を宣言したのであった。［なぜ自由貨幣の流通なのか。］彼によれば、「自由貨幣は利子率を自動的に低下させるとともに、それに反比例して賃金を騰貴させる」からである。だが、彼はこれ以上の詳細な説明を行わず、「『自由地－自由貨幣同盟』の内容豊かな文献」への参照を指示しただけだった。そのことが、致命的な失敗を招くこととなってしまうのである。

というのも、バムベルクの新聞に、ゲゼルはあらゆる貯蓄金庫預金と銀行預金の押収を計画しているという小さな記事が掲載されるや、自由貨幣導入についての詳細な説明がなかったために、「小額貯金者に至るまでの」バイエルン住民の中にパニックが生じてしまったからである。エルンスト・ニーキッシュによれば、このことが、レーテ共和国に対する彼らの反感を呼び起こすものになってしまったというのである。だが、その記事は、実際にはゲゼルが節約を奨励したことを誤解して書かれたものだったのである。

さらにゲゼルは、大蔵人民委員の名のもとに第二の宣言を公布し、レーテ共和国のために資産の七五％の没収ならびに三〇万マルクを越すすべての資産の全額没収を宣言した。こうした第二の宣言が示すようにゲゼルは、ブリューメンタールがベルリンで提案したような資産の全面没収論を否定したのであった。このようにゲゼルが資産の全面没収論を否定したのは、彼が、資産の全面没収論は、利子を資本の大海の中で水死させるという自由経済派の主要な目的から逸脱したものになると考えたからである。つまり、ミュンヘンのゲゼルは、自らの任務を「まず戦争の傷を負った資本主義的経営を回復させた上で、その後でその首を刎ねることである」と見ていたからである。(14)

ミュンヘンのゲゼルが公布した第三の宣言は、ゲゼルとその支持者たちは強制主義的な共産主義には反対するけれども、共同体的共産主義には反対することがないというものであった。ゲゼルはそれを次のように言う。

社会主義国家では共産主義的共同体が存在する余地が十分にあるだろう。今日ほど共産主義の機運が熟している時期はない。これまで資本主義は共産主義者を圧殺してきた。それに対し、自由経済は共産主義者の活動の余地を作り出すだろう。……その際に、すべての者が共産主義者になるかそれとも個人主義者になるかは、各自の自由な選択による。

つまり、民間経済あるいは自由経済の枠内という前提のもとであるが、私企業ばかりでなしに集産的企業も可能になるというのが、この時期のゲゼルの立場なのである。(15)

［一九一九年］四月一三日に、自由経済派顧問団が逮捕、投獄されたけれども、彼らはその日の夜には赤色防衛隊兵士によって再び解放されたのであった。そして今やバイエルンの共産主義者が支配権を掌握することとなった。彼らは即座に労働者・兵士・農民中央レーテを解散させ、その代わりに一五人の指導者から構成される行動委員会にその支配権を委ねたのである。かくしてこのような措置が実施されるとともに、レーテ共和国も実質的に消滅するに至ったのである。

それにもかかわらず、ゲゼルと彼の顧問団は、四月一四日に再び活動を再開した。そして彼らは、次のような共同の公式声明を発したのである。

われわれの破壊された貨幣制度の再建とバイエルンの経済生活の再建というこれらの偉大な活動が実現されるまで、われわれが自らの職務を放棄することはないだろう。

こうした事実が示すように、彼らは自らの職務を、共産主義的な行動委員会のもとではもとより、社会民主党派のホフマン政府のもとでも、継続させる覚悟を持っていたのである。だが、前者は大蔵人民委員のゲゼルを解任し、後者は彼らの申し出を無視して、軍隊をミュンヘンに送り込んだのであった。

そして軍隊のミュンヘン進駐後、ゲゼルとクリステンは再び逮捕された。（他方、ポレンスケはすでにバムベルクで逮捕されていた。）彼らが兵隊たちによってゼントリンガー通りを連行されながら歩いていた時、大声で喚き散らす、興奮した大衆によって唾を顔面に吐きかけられたし、またゲゼルの帽子をステッキで振り落とす者もいた。彼らの連行を指揮していた陸軍少尉は、この二人を銃尾で殴って、兵士たちに次のように命じた。「どちらか一人が逃亡した場合には、即座に他方の者の頭を銃尾で殴れ、それも頭のど真ん中を殴れ！」、と。この二人の逮捕者にはランダウアーと同じような運命が待ち受けていたのだろうか。確かに彼らも、生命の大きな危険の中にあったといってよいだろう。彼らが少しでも体を動かせば、逃亡と判断されるほどの危険な状態にあったのである。

だが、ゲゼルは無罪になった。というのも、彼は（あの陸軍少尉が推測したのとは違い）スパルタクス団に属していなかったばかりでなしに、彼が確信をもって次のように釈明したからでもある。

私は経済の再建を望んでいるのであって、政府の形態がレーテ共和国であっても、また議会制民主主義であっても、私にはどうでもよかったのである。(16)

この釈明はシニカルとまではいえないけれども、きわめてプラグマティックに聞こえる。だが、そうした悲惨な事態に遭遇しても、ゲゼルはそれ以降も自らの理想を持ち続けていくのである。

6 自治主義者Ａｋｒａｔ

バイエルン・レーテ共和国は、ある意味においてアナーキズムの壮大な実験――ドイツにおいてはこれまでのところその唯一の実験――であったと言えるだろう。ゲゼルの法廷闘争も、この「壮大な実験」を裁判所という場において間接的に擁護するものだった。実際、彼は議会主義に反対したし、またＦＦＦ運動においても、婦人の出産ストライキやゼネラル・ストライキといった直接行動を推奨したのであった。それればかりか、彼は、原理的に政党という存在を否定していたし、国立学校や国立アカデミーの廃止を望んでいた。こうした点を考慮すれば、彼は、伝統的アナーキストよりもさらに先に進んだアナーキストであったと言えるだろう。

［それにもかかわらず、ゲゼルは、自らを「アナーキスト」と呼ばず、「フィジオクラート」と呼んだのであろうか。］それは、彼にとって「フィジオクラート」は「アナーキスト」よりもラディカルで、活力に溢れているように見えたからである。彼が雑誌『フィジオクラート』の一九一三年号の論説の中でフィジオクラート派の運動を社会運動の「左翼的中核」と位置づけていることからも、そのことは窺えるだろう。(17)

だが、ゲゼルはＦＦＦ運動においてはもとより、フィジオクラート闘争同盟においても、進歩的とはとても言い難いような人々と出会うことになった。まず最初に彼を失望させたのは、彼らのブルジョア的服装だった。紆余曲折を経て最終的に、彼はこうした自らの失望を表明するためにフィジオクラート闘争同盟から脱会したのであった。

他方、ゲゼル自身は、すでに一九一九年の初めに国家の漸進的解体という提案をしていたにもかかわらず、同じ年に彼は、帝国通貨局の設立をも推奨《すいしょう》したのであった。後者の組織はおそらく代替国家や帝国官僚組織になる可能性をもった存在である。だが、多くの人々は、この帝国通貨局の設立という提案を彼の最終的結論と見なし、ＦＦＦ運動の親国家主義的傾向を特徴づけるものと認識したのであった。

だが、ゲゼルは、「支配なき人間社会の一人のパイオニア（パウル・クレムとイルゼ・クレム）」に捧げた彼の最後の大著『漸進的に解体された国家』の「序文」の中で次のように書いている。

　一九一九年の段階では、私は国家の残滓ないしそのシルエットとでもいうべき部分を保持させなければならないとしたのであった。なぜなら、私は、通貨問題の自治主義的解決のための十分納得のいく形態を発見できていなかったからである。……だが今や、このような欠点（それは、本来きわめて些細な欠点にすぎないのであるが）を、あらゆる自治主義者を満足させるにちがいないような方法で取り除くことができたと、私は信ずるものである。[18]

このように「序文」で書いた後に、「本文」の中でゲゼルは、「フィジオクラート派の秩序」を自由地モデルを用いながら、しかも現実とユートピアの比較という観点から説明するが、その際に、このような「フィジオクラート派の秩序」への導きの糸となっているのが、今や自治主義者 Akrat なのである。ゲゼルにとってこのような自治主義者は「完成された人間」として「部分的人間」に対峙する人間であると同時に、歴史発展の最高の所産、つまり人間進化の最高の所産なのである。かくしてゲゼルは、このような自治主義者を「他者によるあらゆる支配を拒否する」反逆者のことであると規定する。だが、ゲゼルにとってこのような自治主義者とは、自由な信念をもつばかりでなしに、自由なライフスタイルを貫くという特徴をもった人々のことでもある。したがって、このような自治主義者が、軽々に他者のライフスタイルを真似するようなことはしないだろう、とゲゼルは考えたのである。さらにゲゼルは、この一九二七年の彼の著書の中で「自治主義的社会 akratische Gesellschaft」の特徴を次のように三点指摘している。

① 「自治主義的社会」は民間経済の基礎の上でしか発展しない。
② 「自治主義的社会」は、国家の完全な解体を行うことを可能とし、いかなる中央権力も必要としない。
③ ユートピアとしての自由地に存在できるのは母親同盟だけである。

それに対し、ゲゼルは、新しい社会を暴力によって強制的に作り上げようとする、そしてテロ行為さえも辞さないような「破壊主義的なアナーキズム」には反対する。まさに彼が生きた時代のアナーキズムに支配的であると見えたのは、このような「破壊主義的なアナーキズム」だった。それゆえに、彼は、「アナーキズム」という言葉よりも

「自治主義 Akratie」という言葉を積極的に使用したのである。(19) つまり彼にとって自治主義とは、「支配なき秩序」と同義の概念、したがってアナーキーと同義の概念にほかならない。こうした自治主義やアナーキーを構成する基本的要因は、ゲゼルの場合には、「利己心」、「自然的淘汰」、「自由競争」、「相互扶助」、「自由な合意形成」、「自由恋愛」などの要因であった。

以上指摘した最初の三つの基本的要因、すなわち「利己心」、「自然的淘汰」、「自由競争」は、伝統的なアナーキストにとってはもとより新しいアナーキスト Anarchos にとってすらも奇異な感じを与えるものであるのかもしれない。しかし、すでにシュティルナーが「利己心」を、またクロポトキンが「自由競争」を推奨していなかっただろうか。

そうであるとはいえ、確かに「自衛権」や「リンチ裁判制度」についてのゲゼルの主張には理解しがたいところがある。どうして彼はそのような理解しがたい主張をしたのだろうか。[それはこうである。] 国家があらゆる保護制度や司法とともに廃止されてしまった場合、個々人は自らの自衛権に頼らなければならない。損害を与えた犯人は、被害者の近隣の人々によって逮捕され、判決を下される。死刑執行を含む判決の執行は被害者個々人が行う。しかし、その場合、被害者は犯人に直接対峙しなければならないがゆえに、つまり被害者は犯人を人間として知覚できるがゆえに、被害者はおそらく犯人を釈放し、犯人と完全に和解することになるだろう、と。このように「自衛権」や「リンチ裁判制度」についてのゲゼルの主張は、古い仇討ちに見られるような「目には目を」というものではなく、「関係者が膝をつき合わせて決定する」ものなのである。私はこうゲゼルの主張を理解するのである。

いずれにしても、ゲゼルの人間性理解はときおり抽象的な暴力性を付随し、きわめて不快な感じを与えるものである。また同時に彼の用語法も不明瞭かつ赤裸々なものである。それとともに、彼がセンチメンタルな感情とは無縁であり、弱虫や臆病者を軽蔑する人でもあったということも、彼が「自衛権」や「リンチ裁判制度」といった主張をしたことと無関係ではなかったのではないだろうか。

クロポトキンもまた、ゲゼルと同様に国家的司法制度の廃絶を要求した。だが、ほとんどのアナーキストは、そのような要求が実現した場合、どのような結果が引き起こされるのかということを明確には理解していない。その結果に真摯に向き合おうとしているのは、ゲゼルただひとりだけであるように私には思われるのだ。というのも、彼だけがその結果を肯定しつつ、その結果を自分の社会モデルの中に取り入れたからである。確かに、それは驚愕すべき概念［リンチ裁判制度］になってしまったけれども、そのことは、彼が（近隣裁判所のような）社会的形態を追求した結果であった。とはいえ、彼は、多くの領域で臨機応変な対応を行っている。そのひとつは、「すべての共同体と都市は自らの独自の刑法を持つべきである」という彼の主張である。彼はそれを次のように述べている。

ある犯罪者が改悛した場合、ベルリンでは更生のために年金が与えられるのに対し、ハンブルクではむち打ち刑になっても、なんら構わない。[20]

ゲゼルはおそらく、多くの法律形態およびその実施方法を併記して、それらを交互に試す中でより良いものを作り出そうとしたのであろう。[21]

ゲゼルは、いかなる障害があっても、それをものともしない生の情熱的賛美者である。ネストル・マフノ Nestor Machno やエマ・ゴールドマン Emma Goldman もまた、アナーキーをたんに「自由な生」と理解した上で、アナーキズムは「自由な生」にとってのあらゆる障害物を除去しようとする姿勢であると考えていた。だが、ゲゼルは、マフノが行った多くの方法を好まなかった。かくして、ゲゼルは意識的に国家の漸進的な解体を語り、その破壊を口にすることはなかったのである。ゲゼルによれば、国家の漸進的な解体とは、「その全面的な破壊」ではなく、「それに対する国民心理の反対がまったくなくなったところで」着手されるべき「慎重かつ計画的な出来事」にほかならない。なぜなら、国家支配を支える多くの心理的要素が、民衆の中に深く根を下ろしているからである、と。

以上のことからも明らかなように「自治主義」というゲゼルの概念は、「国家の漸進的解体」論と結び付いているばかりでなしに、「真に自由な社会の建設」という構想とも結び付いているのである。したがって、ゲゼルにとって破壊だけを考える革命家は、破壊という泥沼に嵌まりこんでしまった中途半端な革命家でしかないのである。
だが、一九二七年の著書におけるゲゼルの国家概念は、それと同時に古典的アナーキズムの国家概念の特徴を併せもつものでもある。そのことは、彼が一九二七年の彼の著書の中で国家を次のように規定していることからも明らかであるだろう。

自治主義への道は、自明のごとく、資本主義の屍を越えて行くものである。なぜなら、資本主義は搾取を意味しているからである。そしてこの［資本主義という］搾取機構は、自らを保護するための中央集権的権力を必要とする。この権力こそが国家と呼ばれるものなのである。[22]

こうしたゲゼルの国家概念は、バクーニン Bakunin が、第一インターナショナルの代議員の前で語った国家概念とほぼ同一のものである。［そのことからも明らかなように、ゲゼルの国家概念には伝統的なアナーキズムの国家概念もまた含まれているのである。］
それ以外の、「相互扶助」、「自由な合意形成」、「自由恋愛」という「自治主義的社会」の三つの基本的要因は、すべてのアナーキストに馴染みのものであり、素直に受け入れることのできるものである。だが、「自由競争」という要因については、そうとはいえない。というのも、通例アナーキストたちは、自由競争を相互扶助を排除した無慈悲な競争と誤解しているからである。
他方、ゲゼルは、「あらゆる公的福祉の廃止は社会的本能を高めるにちがいない」[23]という考えを抱いていた。彼は言う。「自治主義的社会では相互扶助は著しく強力なものとなるだろう。そして自由競争の結果、有能な者が多少の財産を獲得することになるが、それと同時に、彼らは社会のために気前良く寄付するようになるだろう」、と。おそらくこんなことは幻想でしかない。だが、ゲゼルはそのように考え、そのことを期待したのであった。つまり、ゲゼルは、もっとも有能な者が同時にもっとも気高い者になると考えたのである。

「自由恋愛」は、たえずアナーキストが念頭に浮かべるセックス革命を内包するものである。妻以外に三人の女性と親密な関係を持っていたゲゼルは、身をもってその手本となっている。しかるに彼は、結婚生活そのものを根本的に問い直し、ユートピアとしての自由地の中で、七人の異なった男性と結婚生活を行い、七人の子供を持つに至っているひとりの女性について次のように語っている。

彼女は一人の子供を妊娠するや、彼女はその男性との関係を断った。彼女は出産後、再び純粋な自然的本能にしたがって男性を、しかもより高い質の人間を求めるようになった。――それに反し、あらゆる従属は人間の発展を妨害するものである(24)――。

［以上の点を総括すれば］、ゲゼルは、自らをフィジオクラートないし自治主義者と呼ぶところの、新しい形態のアナーキストであったと言えるだろう。彼は、新しいフィジオクラートたちを国家の漸進的解体への道に導くことで、国家順応主義的な傾向が強かったケネーたちの本来のフィジオクラティーの中にアナーキズム精神を吹き込んだのである。

ゲゼルは、一九二〇年代に初めて「自治主義的社会」というモデルを構想し、アナーキーに積極的内容を与えたのである。そしてその中心に据えたのが、女性だった。女性の自由な愛の選択と彼女たちの心の独立性、こうした事態が生じるためには、女性たちは母親年金によって財政的に支援を受けるべきである、と。かくしてゲゼルは、彼特有なやり方ではあったけれども、現代のアナルコ・フェミニズムを先取りしていたという点で、アナルコ・フェミニストと呼び得る最初の男性となっているのである。その場合、とりわけラテン系の伝統的なアナーキズム（スペイン、イタリア、フランスにおけるアナーキズム）がいかに家父長的であったのかを考えるならば、これはアナーキズムにおける大きな転換点のひとつになっているといってよいだろう。しかも、それは、その意義が今後はかりしれないほど大きなものになっていくような転換点である。すでに男性から女性への座標軸の移動が開始されており、その移動は生のいかなる領域でももはや圧殺されることがないだろう。したがって、この移動は、あらゆる社会運動における両性間の関係についての再検討を迫るものになっていくだろう(25)。

それればかりか、ゲゼルのフィジオクラート的優性学すらも、アナーキスト的特徴を持つものである。たとえば、［ゲゼルが主張する］人類の「品種改良」ということは、可能なかぎり多くの自治主義者――彼らにとって自由は基本的特性であって、もはやいかなるフレーズや要求でもない――の「飼育」ということに帰結するからである。

さらにゲゼルは、自らの民間経済論ないし自由経済論を構築し、積極的なアナーキーに経済的基礎――この経済的基礎の上に積極的アナーキーが成長し、クロポトキンの「万人の富裕」というスローガンが実現可能となるのであるが――を与えたのである。もちろん、そうした「万人の富裕」が実現可能となるのは、彼らが市場経済を破壊することなく、市場経済を自分たちに奉仕させるほど十分賢明である場合にかぎられているのではあるが。それに対し、彼は「計画経済」については次のように言う。

計画経済から生じるのは、新しい貧困とさらなるプロレタリア化だけである。

そうしたこと以外にも、ゲゼルは、マルクスが共産主義のために果たしたのと同じ貢献――すなわち資本および人間による搾取への鋭利な分析――をアナーキズムのために果たしたのである。そして彼は、マルクスが立ち入らなかった問題――利子および土地地代の問題――にも足を踏み入れたのであった。そのかぎりにおいて、彼の学説はマルクス主義の補足であり、その継続と見なすことができるのかもしれない。しかしながら、彼らは、疑いもなく異なった結果と異なった結論に至っているのである。それゆえに、こうしたゲゼルの資本分析によってアナーキズムは初めてマルクス主義の資本分析から自立できるようになったのである。この点をもっと正確に言うならば、アナーキズムがこのゲゼルの資本分析を受容したならば、アナーキズムはマルクス主義から自立可能になるということなのである。それにもかかわらず、現実になお「アナルコ・マルクス主義者」という存在が見られるのもまた事実であるのだが。

私はゲゼルの支持者ではないし、かつて一度たりともゲゼルの支持者になったことがない。だが、私は、ゲゼルが生涯を通じて果たした業績に深い尊敬の念を抱く者である。彼もまた誰の信奉者でもなく、自立的に考え、かつ自立的に生きようとする自由な人間たらんとした者である。[ゲゼルが実践しようとした] 他者による決定からの解放およびイデオロギー的決まり文句などの呪縛からの解放は、アナーキズムが誕生して以来の、アナーキズムの目標であった。そのことを鑑みれば、ゲゼルは、彼なりのやり方でアナーキズムの改革を目指したと言えるだろう。もちろん、こうしたゲゼルの改革は、彼の学説の中のダーウィン主義的傾向のためにほとんどの人の目に隠されてしまったのであるが。それというのも、ゲゼルのどんなイデーも当時の時代精神に囚われていたからである。こうした時代精神に囚われていたという点では、カール・カウツキーもまたゲゼルと同様だった。事実、カウツキーは、マルクスの史的唯物論をダーヴィニズムと結び付けようとしたのである。[26]

ゲゼルの場合、彼の思想の中で自治主義という基本的傾向は、決定的なものであった。そのことは、時間の経過とともにますます明確に現れるようになっている。最終的にそのことは、漸進的に解体された国家の現実とそのユートピアとの比較の中で明確に示されることになった。だが、ゲゼルには、彼の主著を自治主義的観点から改定するための時間がなかった、そのために、彼の自治主義思想と帝国通貨局の存在という矛盾が解決されないままに残されてしまい、今だに多くの自由経済主義者が、帝国通貨局の存在を認める立場を堅持し続けているのである。

以上をまとめるならば、ゲゼルはアナーキズムの中に「根本的な改革」を持ち込んだのである。つまり、彼は、アナーキズムの中に堅固な基礎を持たないものや袋小路に導くものを取り除いたのである。だが、彼は現存するアナーキズムに容赦のない批判を加えたにもかかわらず、意識的ではないにしろ、自らをアナーキズム支持の一大アウトサイダーと位置づけたのである。

7 墓場からの復活

一九三〇年三月一一日にゲゼルは肺炎のために死去した。しかし、もしかしたら、伝説上の伯爵サンジェルマンと同様に彼の棺の中は空だったのかもしれない。研究生活に没頭したいため、政治活動から離れ、ラプラタにある彼の小島の杭上家屋に引きこもってしまったのだろうか。三月一一日の朝、ゲゼルは次のように言った。「雄鳥が鳴いた。さあ夜明けだ」、と。彼は墓地に埋葬されたが、今やそこから蘇ろうとしている。

原注

(1) 本書『シルビオ・ゲゼルはアナーキストのマルクスか?』の第二部第一四章を参照のこと。

(2) 利己心 Eigennutz と我欲 Selbstsucht の定義については、ゲゼルの主著『自由地と自由貨幣による自然的経済秩序』、ニュルンベルク、一九四九年の S.13f(相田愼一訳、ぱる出版、二〇〇七年、七頁)を参照されたい。

(3) ゲゼル『漸進的に解体された国家』、ベルリン＝フリーデナウ、一九二七年、S.76.(相田愼一訳『シルビオ・ゲゼル「初期貨幣改革/国家」論集』所収、ぱる出版、二〇一九年)

(4) 本書の第二部第九章を参照されたい。

(5) 筆者(バルチュ)は、すでに一九七二年に『ドイツのアナーキズム』第一巻(ハノーヴァー、S.18ff.)の中で「自由経済主義者」を「アナルコ・リベラル」と呼び、次のように書いている。「ゲゼルは、彼の利子理論を確立するとともに……アナーキズムのマルクスになった」、と。

またスイスの今日のゲゼル支持者たちは、自らの党のことを「リベラル派社会主義政党」と自称している。

（6）（ギリシャ語に語源をもつ）フィジオクラティーとは、「自然支配」と同義の言葉である。フィジオクラーテンのケネーとチュルゴーは、一八世紀に最初の体系的な国民経済学を確立した人々である。彼らの学説はマーカンティリズム（重商主義）と対立する基本的枠組みの中で、土地のもつ意義を強調するとともに、カール・マルクスによって好意的に受容された見解、すなわち「労働だけが生産的である」（マルクス）という見解（彼らの場合、この生産的労働とはなによりもまず農民の労働のことであったが）を主張した。また彼らは、社会生活と経済生活は自然法則に支配されているという見解をも主張した。それに対し、ゲゼルは、国民経済が自然法則に支配されているという見解を否定し、「人間の本性に合致した」経済秩序を人間が意識的に作り出すことを望んだのであった。（NWO, S.12.）（相田訳、五頁）その点で、マルクスは、——その他の経済学者の場合と異なり——この古典的フィジオクラートに好意的であったと言えるだろう。（MEW. Bd. 26. 1, S. 12ff.）

（7）ゲゼルの個人雑誌『貨幣改革』は、一九〇二年三月から一九〇四年一二月まで不定期に刊行された。

（8）オットー・マルティン・ホフマンは、生涯変わることなく労働運動に携わった。彼は、ディオゲネス（古代ギリシャのアナーキスト）というペンネームで自由経済派の観点から、またマルクス主義経済理論とその基礎知識から、ゲゼルとマルクスについての論文を彼が一時的に編集していたプロレタリア的自由経済派の雑誌『リング——青年運動と政治のための月刊誌』の中で多数書いた。特筆すべきは、彼が創刊号から一九二五年六月ないし一九二六年までゲゼルの価格理論とマルクスの価値論をめぐって左翼マルクス主義者カール・コルシュと激しい論戦を行ったことであるだろう。だが、その後ホフマンはドイツ社会民主党ＳＰＤに入党し、一九八三年に西ベルリンで死去した。

（9）『漸進的に解体された国家』（S.4.）では、ゲゼルは「ＦＦＦ」を「自由地、自由貨幣そして自由貿易」としているが、「ＦＦＦ」グループ自身は、自らを自由地と自由貨幣による自由経済を実現するための組織と呼んでいた。

（10）雑誌『フィジオクラート』は、当初は「フィジオクラート連合」の機関誌であり、一九一二年五月から一九一四年七月まで月刊で刊行されたが、その後一九二〇年一一月までベルリンで（ゲオルク・ブリューメンタールの編集責任で）断続的に刊行され、さらに同年七月から一九二二年一二月まで（エルンスト・シュマールフェルドの編集責任のもとで）一四号が刊行された。
（11）『フィジオクラート連合の目標と規約』、ベルリン―リヒターフェルデ、一九一九年。
（11ａ）これ以上の詳細な情報を与えてくれるのは、未公刊の手稿である『自由経済運動の歴史』（ハンス・ヨアヒム・ヴェルナー、ヴァーレンドルフ）であるだろう。
（12）フィジオクラート闘争同盟のこうした一二項目綱領は、パンフレットとして刊行されたのであるが、私は自由経済派の雑誌の中にそれを発見することができなかった。
（13）エルンスト・ニーキッシュ Ernst Niekisch（一八八九―一九六七年）は当初ドイツ社会民主党ＳＰＤの党員だったが、一九二三年に老社会主義党を創立し、国民革命的な雑誌『抵抗』を発行した。その後彼はナチスによって無期懲役刑の判決を受けた。一九四五年から一九五四年まで彼は東ベルリンの大学教授だった。だが、一九五三年六月一七日のＤＤＲの労働者蜂起の日に、彼はＳＥＤから脱党したのであった。ニーキィッシュは、一九一八年二月一五日のフィジオクラートのゲオルク・ブリューメンタール宛の手紙の中で次のように書いている。
「党（ＳＰＤ）の内部で支持者（ゲゼルのフィジオクラティーの支持者）を獲得したいというのが、私の固い決意なのです。それは、新聞においても、また講演においてもそうなのです」、と。（バルチュ『社会主義化か個人主義化か』（一九八八年）から）
（14）『フィジオクラートの目標に合致するような全般的収用』、ポツダム、一九二六年、S.14
（15）本書第二部一五章を参照されたい。
（16）裁判所に提出されたゲゼルの弁明録は、ロルフ・エンゲルト Rolf Engert『ミュンヘンのシルビオ・ゲゼル・一九一九年』、ハノーヴァー、一九八六年の付録の中にその他の著作とともに掲載されている。
（17）ゲゼル『政党政治の左翼としてのフィジオクラート』、一九一三年。
（18）『漸進的に解体された国家』、S.5.（相田訳、四八五頁）
（19）けれども、反戦主義者ゲゼルが素朴な平和主義者でなかったということは、一九一三年の『自由な労働者』というアナーキスト系の新聞との論争からも示されるだろう。その論争の中で、ゲゼルは「人民軍」という防衛義務をもった軍隊を人民にとって好意的かつ相対的に無害な軍隊として評価しているという非難を受けた。ゲゼルは、『フィジオクラート』一九一二／一三年号で行った反論の中で、あらゆる抑圧の試みに抵抗するためには、男女に関係なしに、全市民の武装化が必要であると主張したのである。

(20)『漸進的に解体された国家』S.22f.（相田訳、四七三頁）

(21)『漸進的に解体された国家』S.87ff.（相田訳、四八四頁）

(22)『漸進的に解体された国家』S.4.（相田訳、四八四頁）

(23)『漸進的に解体された国家』S.53.（相田訳、五四九頁）

(24)『漸進的に解体された国家』S.77f.（相田訳、五八四頁）

(25) 本書の第二部九章を参照されたい。

(26) 本書の第二部、Anm.117 を参照されたい。

訳者解説

本訳書『ギュンター・バルチュ著・相田愼一訳／シルビオ・ゲゼル派の自然的経済秩序運動史（1891-1992/93年）』第一分冊は、Günter Bartsch,Die NWO-Bewegung Silvio Gesells.Geschichtlicher Grudriss 1891-1992/3.Gauke Verlag GmbH,1994.の「Teil 1（一八九一－一九三三／三三年）」の部分を全訳したものである。

このバルチュの著書は四部構成をとり、「Teil 1（一八九一－一九三三／三三年）」の他に、「Teil 2（一九三三－一九四五年）」、「Teil 3（一九四五－一九六六／六七年）」そして「Teil 4（一九六七年－一九九二／九三年）」がある。したがって、本訳書の内容は、シルビオ・ゲゼル派の自然的経済秩序運動が誕生した一八九一年からナチスによってその活動が禁止される一九三三／三四年までの限定された期間をその対象とするものでしかない。一九三三／三四年のナチス時代から環境保護派や新左翼とともにシルビオ・ゲゼル派が「緑の党」の結党に尽力した一九九二／九三年までの、いわゆる「現代」に至るまでの活動期間の邦訳については、なお今後の課題として残されている。この点に読者は注意されたい。

次に述べたいのは、シルビオ・ゲゼル派の自然的経済秩序運動が誕生し、一八九一年からナチスによってその活動が禁止される一九三三／三四年までの活動期間を対象とする本訳書の基本的内容を簡潔かつ分かりやすく示す図があるということである。それは、本訳書の著者ギュンター・バルチュが共著『シルビオ・ゲゼル――アナーキストの〈マルクス〉か?』Silvio Gesell-"Marx" der Anarchisten?」（一九八九年）に掲載した彼の論文「シルビオ・ゲゼル、フィジオクラート、アナーキスト Silvio Gesell,Die Physiokraten und Die Anarchisten」中の「シルビオ・ゲゼル派の自然的経済秩序運動の誕生からその活動禁止に至る一九三三／三四年までのシルビオ・ゲゼル派内部の主要な諸潮流の動向」を示す図である。(この図を作成したのは、ヴェルナー・オンケンであり、ギュンター・バルチュは、それを引用したものである。)ヴェルナー・オンケンならびにギュンター・バルチュによれば、この時期のシルビオ・ゲゼル派の自然的経済秩序運動は基本的に三つの潮流に、すなわちフィジオクラート派、自由経済派そして国民主義的-民族主義派という根本的に性格の違う三つの潮流に分裂していた、と。そうした基本的理解の上に、一八九一年から一九三三/三四年までの期間のシルビオ・ゲゼル派の自然的経済秩序運動の動向が次のように図式化されている。

① シルビオ・ゲゼル派の自然的経済秩序運動は、ゲゼルが処女作を発表した一八九一年に始まる。それから第一次世界大戦の勃発(一九一四年)までの時期のシルビオ・ゲゼル派の運動と組織を担ったのは、主としてゲオルク・ブリューメンタールのフィジオクラート連合(この連合に先行する組織としてゲオルク・ブリューメンタールが作ったフィジオクラート政治同盟があった。)とエルンスト・フランクフルトやパウルス・クリューヘルらの自由地-自由貨幣同盟(自由経済派)という二つの組織であった。それに対し、グスタフ・ジモンズ、エルンスト・フンケルらのシルビオ・ゲゼル派内部の民族主義派はこの時期までいかなる運動も、またいかなる組織も持っていなかった。

② ゲオルク・ブリューメンタールのフィジオクラート連合(フィジオクラート派)とエルンスト・フランクフルトやパウルス・クリューヘルらの自由地-自由貨幣同盟(自由経済派)との相違は、大きく分けて二点である。第一点は世界観(イデオロギー)の相違である。前者の世界観が「個人主義的・アナーキスト的」であったのに対し、後者の世界観は「中立的かつ自由主義的」であった。そして第二点は、社会的活動基盤の相違である。前者は自らの社会的活動基盤を「プロレタリアート」に求めようとしたのに対し、後者は自らの社会的活動基盤を「中間層」に求めようとした。

③ 第一次世界大戦の終焉直後の一九一八/一九年に、ゲゼルは「左傾」し、ゲオルク・ブリューメンタールの

1891 年から 1933/34 年までのシルビオ・ゲゼル派の自然的経済秩序運動の動向

	1. フィジオクラート派	2. 自由経済派	3. 民族主義派
①世界観	個人主義的－アナーキスト的	中立的－自由主義的	民族主義的－反ユダヤ主義的
②社会的支持基盤	プロレタリアート	中間層	中間層

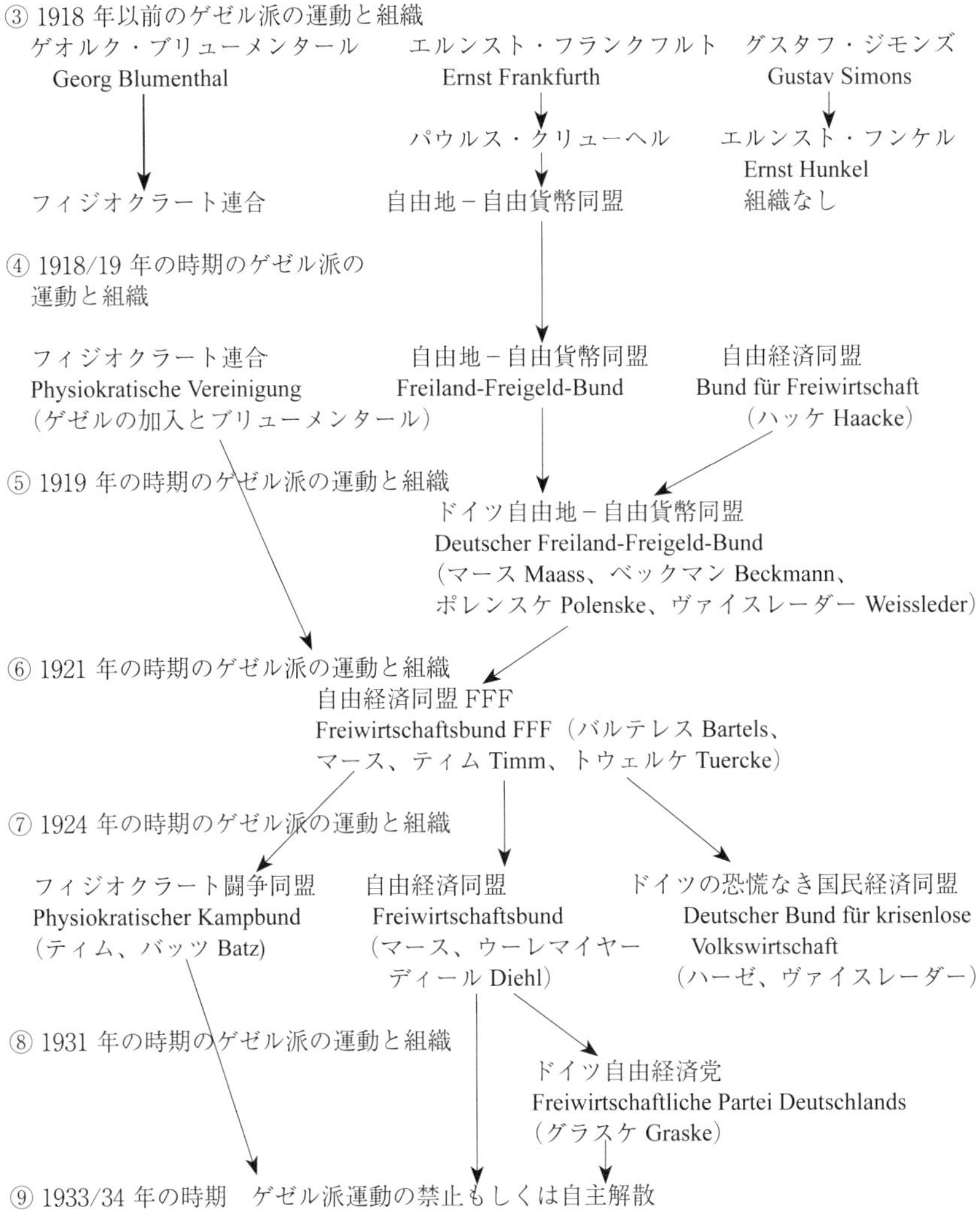

フィジオクラート連合（ゲゼルは、この連合に先行するフィジオクラート政治同盟にも加入していた）に正式に加入する。他方、それとほぼ同じ時期に民族主義的なハッケが自由経済同盟 Bund für Freiwirtscaft を結成する。

④一九一九年にフランクフルトらの自由地-自由貨幣同盟とハッケの自由経済同盟が合同し、マース、ベックマン、ポレンスケ、ヴァイスレーダーを代表者とするドイツ自由地-自由貨幣同盟（自由経済派）が誕生する。

⑤一九一九-二一年にかけての、シルビオ・ゲゼル派の運動は、主としてブリューメンタールやゲゼルのフィジオクラート連合（フィジオクラート派）とこのマースらのドイツ自由地-自由貨幣同盟（自由経済派）という二つの組織に分かれ、対抗する関係にあった。

⑥一九二一年に、ブリューメンタールやゲゼルらのフィジオクラート連合とマースらのドイツ自由地-自由貨幣同盟が合同し、バルテルス、マース、ティム、トウェルケを代表者とする初の統一的組織の自由経済同盟FFFが誕生する。

⑦だが、この初の統一的組織の自由経済同盟FFFは、一九二一年に、ティムやバッツらのフィジオクラート闘争同盟、マース、ウーレマイヤー、ディールらの自由経済同盟 Freiwirtschaftsbund そしてハーゼやヴァイスレーダーらのドイツの恐慌なき国民経済同盟という三つの組織に分解してしまった。

この三つの組織を関連づけるならば、フィジオクラート闘争同盟が「急進的かつ社会主義的」であり、自由経済同盟が「リベラリズム的かつ中間的」であるのに対し、ドイツの恐慌なき国民経済同盟が当時の状況を色濃く反映し、「国民主義的かつ民族主義的」であった。

⑧一九三一年にマースらの自由経済同盟から国政選挙への積極的参加を望むグラスケらのドイツ自由経済党が分派した。だが、彼らの選挙闘争は惨憺たる失敗に終わってしまった。

⑨一九三三／三四年、政権の座についたナチスによってシルビオ・ゲゼル派の自然的経済秩序運動は活動禁止

ないし自主解散に追い込まれてしまった。

以上が、ヴェルナー・オンケンならびにギュンター・バルチュが示す図「シルビオ・ゲゼル派の自然的経済秩序運動の誕生からその活動禁止に至る一九三三／三四年までの内部の主要な諸潮流の動向」から読み取れる諸点である。こうした諸点をより詳細にかつより立体的に描いているのが、本訳書『ギュンター・バルチュ著・拙訳の『シルビオ・ゲゼル派の自然的経済秩序運動史』第一分冊なのである。したがって、ギュンター・バルチュが示す図「シルビオ・ゲゼル派の自然的経済秩序運動の誕生からその活動禁止に至る一九九三／九四年までの内部の主要な諸潮流の動向」は、本訳書の内容を理解するための「導きの糸」になりうると考え、「訳者解説」としてここに紹介した次第なのである。

〔訳者〕**相田愼一**（あいだ・しんいち）
1946 年　神奈川県生まれ
1969 年　早稲田大学第一政治経済学部経済学科卒業。
1978 年　大阪市立大学大学院経済学研究科博士課程満期退学。
専修大学北海道短期大学教授、専修大学経済学部教授　経済学博士（大阪市立大学）
著書　『カウツキー研究―民族分権―』（昭和堂、1993 年）、『経済原論入門』（ナカニシヤ出版、1999 年）、『言語としての民族―カウツキーと民族問題―』（御茶の水書房、2002 年）、『ドイツ国民経済の史的研究―フリードリヒ・リストからマックス・ヴェーバーへ―』（共著、御茶の水書房、1985 年）、『ゲゼル研究―シルビオ・ゲゼルと自然的経済秩序―』（ぱる出版、2014 年）その他多数。
論文　「第二帝政期ドイツ社会民主党の社会的構成」（『専修大学北海道短期大学紀要』第 25 号、1992 年）、「第二帝政期ドイツ社会民主党の社会的構成をめぐる論争（1905 － 06 年）」（『専修大学北海道短期大学環境科学研究所報告』第 4 号、1995 年』、「シルビオ・ゲゼルの貨幣＝利子理論」（『専修大学北海道短期大学紀要』第 33 号、2000 年）、「S. ゲゼルの『基礎利子』論」（奈良産業大学『産業と経済』第 15 巻第 4 号、2001 年）、その他多数。
訳書　「オットー・バウアー『民族問題と社会民主主義』（共訳、御茶の水書房、2001 年）、カール・カウツキー『マルクスの経済学説―資本論入門』（丘書房、1999 年）、シルビオ・ゲゼル「貨幣論（あるべき貨幣と可能な貨幣）」（『専修大学北海道短期大学紀要』第 33 号、2000 年）、『カウツキー・レンナー・ゲゼル「資本論」の読み方』（ぱる出版、2006 年）、シルビオ・ゲゼル『自由地と自由貨幣による自然的経済秩序』（ぱる出版、2007 年）、シルビオ・ゲゼル『初期貨幣改革／国家』論集（ぱる出版、2019 年）、その他多数。

シルビオ・ゲゼル派の自然的経済秩序運動史
第 1 分冊　1891 － 1932/33 年の時期

2023 年 11 月 4 日　　初版発行

著　者　　ギュンター・バルチュ
訳　者　　相田愼一
発行者　　奥沢邦成
発行所　　株式会社 ぱる出版
〒 160-0003　東京都新宿区若葉 1-9-16
電話　03(3353)2835（代表）　振替　東京　00100-3-131586
FAX　03(3353)2826　　印刷・製本　中央精版印刷（株）

ISBN978-4-8272-1452-9 C3033